L'ânesse en jupons

Collection dirigée par
Christian Poslaniec
et animée par Patricia Fourgeaud

ISBN 2-86726-653-X

Publi-Offset - Mercuès 46090 CAHORS
Dépôt légal : janvier 1991
N° 90 12 124

Josette Rauzy

L'ânesse en jupons

Illustrations de
Jean-Louis Henriot

Milan

Josette Rauzy est issue par son père d'une très ancienne famille pyrénéenne. Dans ses livres, parus dans la collection Zanzibar, elle recrée l'atmosphère d'un village ariégeois, avec ses traditions, ses légendes, sa mentalité qui a l'âge de la montagne... Mais les héros ressemblent à tous les enfants du monde. Dans leurs jeux, leurs fous rires, leurs coups de cafard, ou leurs angoisses, ils n'ont qu'un rêve : l'amitié. Et c'est à elle que l'auteur donne le rôle principal.
C'est le second livre de Josette Rauzy dans la collection Zanzibar. Le précédent, *L'Aventure a les pieds mouillés*, mettait déjà en scène Marco Truphème.

Jean-Louis Henriot est né en 1938. Son amour du dessin le pousse quelque peu à délaisser ses études, mais à préparer les Arts Déco à l'Académie Jullian, pendant deux ans. Dessinateur chez un architecte, publicité pendant dix ans, puis photographe, il finit par s'installer dans la campagne ardennaise où, illustrateur indépendant, il laisse éclater son talent. Jean-Louis Henriot a beaucoup travaillé pour les éditions Hachette, Fernand Nathan, La Farandole, l'École des loisirs.

Pour les Éditions Milan, il a illustré avec beaucoup de talent et de sensibilité *Thierry, le chevalier sans nom*, *Miranda s'en va* et *La colline aux oliviers*.

1

Les parents Truphème s'étaient enfermés dans leur chambre. Ils chuchotaient.

Silencieux mais rapide, Marco, leur plus jeune fils, traversa le palier sur la pointe des pieds et appuya son oreille contre la porte.

« Il faut écouter pour apprendre », disait souvent M. Guillot, son instituteur du cours élémentaire... Marco avait grandi, mais il n'avait jamais oublié cet excellent principe. Et c'était bien le moment de s'en souvenir : chaque fois que son père et sa mère se parlaient bas, ils se confiaient des choses importantes, de celles que Marco aimait connaître... et que ses parents ne pensaient pourtant pas à lui dire !

Les écouter dans ces moments-là n'était jamais du temps perdu.

Il entendit : « Sale histoire ! »... et se vota des félicitations. Il avait eu du flair. Qu'allait-il découvrir ?

— Ils sont trois et ils sont décidés... pour être partis de cette façon... Enfin !... je ne dis pas qu'ils sont mauvais, évidemment... (C'était bien une réflexion de Charles Truphème : il ne croyait pas au Mal.)... mais... (sa voix se précipita), mais ils n'ont pas le cerveau comme tout le monde, alors, qui sait ?... ils peuvent devenir dangereux !

— Qu'est-ce qu'on va faire ? se lamenta Mme Truphème.

Marco eut un éclair de culture et déclama en lui-même : *Que vouliez-vous qu'il fît contre trois ?* Mais il se sentait l'estomac lourd. Il colla son oreille un peu plus fort.

— Pour l'instant, ils sont à Toulouse...

A Toulouse !... Brusquement Marco fut lourd partout.

— Oui, mais ils peuvent être par ici bientôt !

— C'est bien possible.

— Il faut le dire aux enfants !

— Je le dirai à Marco surtout !... les autres...

Charles Truphème laissait Evelyne et Benoît en dehors de cette « sale histoire ». Son souci ne concernait pas les deux aînés. Il revint à Marco :

— Bien sûr, il faut que Marco le sache... pour pouvoir les éviter.

— Si au moins il les évite !

— Il n'y a rien d'autre à faire, Hélène, pour un enfant...

Que vouliez-vous qu'il fît contre trois ?
Qu'il mourût !

Se récita Marco qui avait une furieuse envie de vivre.

Son sang n'était plus qu'un fin liquide glacé qui circulait dans ses veines au hasard.

Ses parents continuaient à parler de lui, et il saisissait l'inquiétude de sa mère et la prudence de son père. Il n'écoutait plus vraiment. Il en savait assez !

Il se détacha de la porte et s'appuya contre le mur du couloir. Il chancelait.

Il n'en sortirait donc jamais de cette « sale

histoire », comme disait Charles Truphème !... un souvenir de la rencontre de rugby entre les 5ᵉ du lycée Lakanal de Foix (la classe de Marco), et ceux du C.E.S. Colonel Hervé de Toulouse.

Au départ, ce n'était qu'un coup de pied, mais il lui avait fait très mal... parce que Marco l'avait reçu en plein genou, et que le bon à rien qui le lui avait envoyé pesait soixante kilos et chaussait au moins du 41 fillette ! Alors Marco, sous l'effet de la douleur et de la colère, toutes deux marraines de la violence, s'était élancé vers son agresseur. Élancé ? Oui, à la manière d'une fusée qui se propulse dans l'espace. Il s'était arraché du sol et, par une trajectoire aussi rapide que puissante, avait bondi jusqu'à la mâchoire de son adversaire qu'il avait défoncée d'un coup de tête.

Les obsédés de l'injustice feraient bien de méditer là-dessus : Marco, la jambe transpercée par une atroce douleur qui le vrillait de la cheville à la hanche, ne disait rien. A peine s'il avait les yeux brillants de larmes contenues.

Mais l'autre, qui ne souffrait sûrement pas

davantage, et peut-être même pas autant... (ses lèvres avaient subitement doublé de volume et Mme Truphème disait souvent à Marco : « Quand le coup sort, il fait moins mal »), l'autre s'était mis à hurler, à pleurer, à se rouler par terre.

... et tout le monde l'entourait, le plaignait, le dorlotait...

Marco avait préféré quitter le terrain dignement. La tête droite et les lèvres serrées. En homme. Pourtant son cœur était gonflé de dégoût et d'amertume.

Hélas, il avait eu un mot maladroit !

En passant devant le proviseur, qui accourait, tout excité d'inquiétude, il lui avait craché :

— Courez vers les dégénérés ! Il y a une réunion de famille !

Comme s'il ne remarquait pas que Marco boitait bas et que son visage était ravagé par la douleur, le Tordu (c'était son surnom) avait répliqué d'un ton méchant :

— Faites de l'esprit, Truphème. On en reparlera !

On en avait reparlé !

Heureusement que les bûchers étaient passés de mode. Parce que, à part le costume, rien ne manquait à ces messieurs *pro-viseur* et *pro-fesseurs* devenus *pro-cureurs* pour être de vrais inquisiteurs.

Tout cela parce que l'adversaire de Marco, son père et son grand frère avaient menacé de se venger sur à peu près tout ce qui comptait au lycée de Foix (et Marco pouvait être fier, il en faisait partie !).

Et il s'agissait d'une famille très spéciale... Ils ressemblaient à ces gens dont on voit la photo sur les couvertures des magazines à sensation. (De quoi donner de vrais cauchemars au Tordu.)

M. Truphème exagérait en disant qu'ils n'avaient pas le cerveau de tout le monde. Ils devaient avoir juste quelque chose en plus. Quelque chose comme, *par exemple, le chromosome du crime*, se dit Marco en frissonnant.

Comment Charles Truphème avait-il eu des nouvelles de ce trio de fauves ? Il le dirait sans doute à Marco en lui apprenant officiellement leur arrivée possible dans le pays (il avait bien souligné : « possible » — pas « certaine »).

Après tout, Marco aurait bien le temps de savoir. Aujourd'hui, il devait penser à s'amuser. On était le 31 décembre et toute la famille Truphème, les de Lordat, les Bonnel, et bien d'autres habitants d'Urs, le petit village au creux de la vallée, montaient réveillonner à Axiat, le petit village perché sur la montagne.

Et dire que j'étais si content, il y a seulement dix minutes! pensa Marco. *Tu n'aurais pas dû écouter aux portes!* lui répondit sa conscience.

Marco décida de fuir ce palier obscur. Il eut un brusque sursaut pour décoller son dos du mur.

A ce moment-là, Evelyne, sa sœur, surgit de sa chambre, le visage blême et les yeux rétrécis, deux indices certains d'une vive contrariété. Elle en fournit tout de suite un troisième, en glapissant :

— Qu'est-ce que tu fais là? Hein? Tu regardes par le trou de la serrure?

Marco leva les yeux au ciel en soupirant. Toujours l'injustice!

Evelyne continuait sa litanie.

Marco s'avança vers la chambre, curieux

de voir ce qu'il aurait dû surprendre. Il fut médusé.

Tous les tiroirs étaient ouverts, la table disparaissait sous le linge, les livres, et toutes sortes d'objets hétéroclites.

Qui a fouillé ? se demanda Marco.

Mais ce ne pouvait être qu'Evelyne.

— Tu as perdu quelque chose ? fit-il, sincère et sans arrière-pensée.

Elle tira brutalement la porte.

— Tu sais ce que j'ai perdu, puisque tu es toujours à m'espionner.

— Demande donc à saint Antoine de Padoue, celui qui fait retrouver tout, et fiche-moi la paix, dit Marco.

Mais elle tenait à ses accusations incompréhensibles. Alors Marco, déjà accablé par ses autres soucis, abandonna la lutte.

— Vas-y, crie, dit-il, ça te fait du bien ! Tu te libères !

Elle eut un geste vengeur vers lui.

— Oooh !... pas sur moi !

Il évita son bras et dégringola l'escalier.

— Le bon Dieu te punira ! cria Evelyne.

— Et toi, que le diable t'emporte !

*
**

Marco tira doucement la lourde porte et il avança prudemment la tête vers la rue. Un coup d'œil à droite, un coup d'œil à gauche... Rien. Une poule qui buvait à la surverse du lavoir.

Lion, le chien des Truphème, inséparable compagnon de Marco, monta de la basse-cour ventre à terre et donna de la voix, pour le plaisir, puis il partit arroser consciencieusement les hortensias de tante Jeanne qui sortaient impudemment leurs branches à travers le grillage du jardin.

Marco l'observa. Le chien ne flairait rien de suspect. Il était détendu. Soudain, il se précipita d'un air joyeux vers le bas de la Carrière, cette route large qui sert de rue devant la maison des Truphème. Marie de Lordat apparaissait.

Tiens, se dit Marco, *je préfère ça aux Toulousains !*

Il s'avança aussi lentement que possible vers Marie, comme un qui n'aurait pas été pressé de lui parler. Et à chaque pas, il s'inspectait : ses cheveux : coiffés, ses oreilles, son cou, son visage, ses mains : astiqués… tout avait même été parfumé à l'eau de Cologne Truphème. Sa chemise blanche impeccable et son costume de velours noir achevèrent de le tranquilliser.

Il se campa à un mètre de Marie, les mains dans les poches et les jambes écartées, et lui ordonna :

— Sens-moi !

Elle eut un demi instant d'hésitation, puis s'approcha tout près de lui et renifla ses tempes, des deux côtés, comme si elle allait l'embrasser. Marco entendit dans sa poitrine quelques coups de gong qui venaient de son cœur.

— Hé ! fit-il, goguenard, j'ai cru que tu allais m'embrasser !

Elle le regarda en riant :

— Tu ne m'as pas dit de t'embrasser ! Tu m'as dit de te sentir !

Raté ! se dit Marco. Mais elle s'était tellement approchée qu'il avait eu son souffle sur les joues et qu'il conservait une odeur de fleur, très douce, dans les narines. Finalement, c'était aussi bien que deux baisers.

— Tu sens bon, dit-elle, qu'est-ce que c'est ?

Il bomba le torse :

— C'est l'eau de Cologne Truphème ! Nous la fabriquons nous-mêmes !

Il vit qu'elle était épatée, et se promit de l'étonner encore, plus tard, au réveillon !...

Pour le moment, il se balançait d'avant en arrière, comme sur des chaussures à bascule, en mâchonnant une tige de folle-avoine desséchée. C'était pareil toutes les fois que Marie venait en vacances et qu'il la revoyait. Il ne savait pas trop que lui dire. Il aurait bien aimé lui parler de ces zigues de Toulouse, mais... si elle allait s'exclamer, à la façon d'Evelyne : « Tu collectionnes les ennemis, mon pauvre vieux ! », ou à la Mme Truphème : « Ça finira mal, un jour, ça finira mal ! », ou si elle allait croire, tout simplement, que Marco avait peur !

Il cracha la tige le plus loin possible. Non ! Il ne dirait rien ! Et d'ailleurs, ses affaires ne regardaient personne !

Ça y est ! pensa Marie. *Il voulait me raconter quelque chose, et il ne le fera pas. Il a dû se dire encore une fois « ce n'est qu'une fille ».*

Elle n'était pas vexée. Elle savait qu'elle trouverait une occasion pour lui montrer de quoi elle était capable !

Roger Bonnel montait la Carrière, endimanché lui aussi. Il avait laissé ouverte sa « doudoune » et les deux enfants s'extasièrent sur son superbe costume Prince de Galles, avec chemise blanche et cravate foncée. Marco s'exclama :

— Oh ! t'es bien sapé ! C'est ce soir que tu épouses ma sœur ?

Roger Bonnel sourit, l'air attendri à la seule évocation d'Evelyne Truphème. Sa physionomie, toujours paisible et empreinte de gentillesse, reflétait ce soir-là une sérénité qui était pour Marie l'image même du bonheur. Elle fut contente d'embrasser le jeune homme.

Tiens, elle préfère les vieux ! se dit Marco.

Il voulut se consoler : à minuit, il l'embrasserait lui aussi. Mais il ne put s'empêcher de noter avec quelle tranquille autorité Roger avait pris la petite fille par les épaules et avait fait claquer les bisous sur les joues roses. Était-ce parce qu'ils étaient cousins ? *Non,* se répondit Marco. Roger avait de l'assurance, tout simplement.

Marco eut un coup de déprime : il se sentit petit. S'il fallait attendre d'avoir 20 ans pour oser embrasser Marie !... Mais il se reprit vite : *Oh ! la prochaine fois, je ferai comme lui. J'arrive, j'embrasse. Après tout, moi aussi, je suis plus grand qu'elle !*

De nouveau, il se sentait d'attaque. Un qui ne craint pas trois dangereux Toulousains ne se laisse pas intimider par une petite fille qui a deux ans de moins que lui !

2

Et hop ! Marco Truphème sauta sur la table. Les rires restèrent en suspens, et aussi les respirations. Tous les yeux étaient fixés sur Marco. Qu'allait-il encore inventer ? Marco se le demandait.

Il avait dansé depuis la première note et il avait senti peu à peu qu'on le découvrait, qu'on le regardait, qu'on l'admirait... et qu'il oubliait tout. Alors, ses poumons s'étaient enflés doucement et Marco avait chanté en dansant. Les gens s'étaient mis à taper dans leurs mains, et à fredonner avec Marco. Ils l'avaient entouré.

Marco avait commencé à faire ses grimaces, et à mimer les chansons. Et il avait senti autour de lui une certaine qualité des souffles, et des rires, qui vibraient dans l'air chaud de cette nuit de réveillon.

Hop !

Sur la table, il fut à une tête des guirlandes et du gui. Il lui aurait suffi d'étendre la main pour saisir un ruban doré et s'en faire une couronne. Il y pensa mais préféra y renoncer.

Il chantait !

Le jeune Touyou l'accompagnait à l'accordéon. Ils s'entendaient bien tous les deux. *C'est comme avec Lion,* pensa fugitivement Marco. *On se comprend au regard !*

Mais une fois la musique partie, ce n'est pas vers Touyou qu'il dirigea ses yeux, Marco.

Il les perdit dans les étincellements de guirlandes : du rouge, de l'or, de l'argent... ça crépitait de milliers de paillettes. Des boules scintillantes tourbillonnaient au bout de tresses multicolores. Des rubans soyeux, larges de quatre doigts, se balançaient en cadence, ils suivaient la musique...

Qu'il était beau ce paysage de lumières ! *La*

tête me tourne, pensa Marco et il se dit aussi qu'il aimait ça !

Le voilà qui mimait le mariage des oiseaux ; les bras repliés faisaient des ailes et son derrière s'agitait comme s'il portait les grandes plumes de la parade. Il siffla, et il fut le séduisant rossignol ; quelques petits coups de gorge, et il devint pigeon et puis, sautillant et chantant dans la langue du « reipetit » (*), il interpréta la légende du roitelet amoureux de l'hirondelle...

Dans la salle, il entendait des « oh », des « ah », des rires aussi. Tout le monde connaissait l'histoire, et certains reprenaient les paroles avec Marco.

Du coin de l'œil, Marco regardait la petite Marie de Lordat. Elle ne chantait pas. Elle était bouche bée.

Ce soir, elle était bien jolie, Marie, avec son col en dentelle blanche, et blanche aussi la fleur piquée dans le chignon, et puis ses joues luisantes et son cou si frêle et si long qu'il ressemblait à un roseau.

Marie serait une aigrette.

(*) Le roitelet.

Le cœur de Marco battit plus fort. *Oh!* pensa-t-il, *cette fois, la tête me tourne pour de bon! Marie serait une aigrette. Et si on riait un peu?*

— Ah, s'exclama-t-il d'un coup, j'en vois des oiseaux dans la salle!

(Et une petite voix lui murmura qu'il ne voyait pas les Toulousains.)

L'accordéon s'arrêta. Les sourires restèrent coincés.

Ils savaient tous que Marco pouvait être féroce.

— Je suis l'aigle, roi des cimes et je les connais tous... Tiens, celui-ci, le grand tétras, dit-il, en pointant l'index vers son père... et celle-là, la grive...

Les rires fusèrent. (Dans ce pays où l'on aime tant les images, un sobriquet est pain bénit.)

Madeleine Rouch, toute petite et toute ronde et toute grise... la grive.

— Et celui-ci, le toucan, avec le gros nez! dit Marco en montrant le pépé Faup. Et le cacatoès! le cacatoès, se mit à piailler Marco en faisant de la main le dessin du bec crochu qui se perd dans la gorge...

Maguy Carrière devint écarlate. (On le connaissait bien le vilain perroquet, il était sur tous les paquets de café de l'Épargne.)

Pour ne pas la vexer, on se retint de rire. Mais plusieurs toussèrent, et d'autres s'étouffèrent. C'était pire qu'un bon gros franc éclat de rire, ces bruits d'intestins qui se tordaient. Pauvre Maguy !

Marco évitait de regarder sa mère, il sentait ses « gros yeux » sur lui. Alors il se tourna vers Marie l'aigrette.

Mais non, il ne dirait rien. Il céda sous les lueurs noires qui le fixaient. Il fit juste un clin d'œil et déploya ses ailes — non, ses bras — tel l'aigle royal.

Touyou lança la mélodie du « reipetit ». L'accordéon s'étira à s'en faire crever le soufflet, et Marco, à pleine voix, entonna le dernier couplet...

***

La nuit était avancée quand, sur le seuil de la maison Fourcade, on se sépara en s'embrassant. On se répétait « Bonne année, bonne santé ! ». On se la souhaitait prospère.

Marco s'énervait. Qu'on ne dise pas ce qu'on pense, déjà il avait de la peine à l'admettre. Mais qu'on dise ce qu'on ne pense pas, ça, il ne pouvait vraiment pas le comprendre.

Alors, entendre Marthe Nigoul débiter des gentillesses à Louise Baby qu'elle détestait, c'était au-dessus de ses forces. Il avait envie de leur rappeler ce qu'elles criaient quand elles s'étaient battues, au lavoir, Marthe les doigts crochetés dans les cheveux de Louise, et Louise qui lui flanquait des coups de battoir partout où elle pouvait l'attraper. Elles se souhaitaient la bonne année ces deux-là ? *Mais c'est pour rire, ce n'est pas vrai !* Marco ne les aimait ni l'une ni l'autre, mais c'est Marthe qu'il choisit de ridiculiser, parce qu'elle était la plus virulente : il se pencha en avant, comme elle, un peu en biais, le bras droit arrondi (viens ici que je te mange !), le gauche, où pendait le sac, un peu écarté du corps, avec la main ouverte. Et d'une voix doucereuse : « Allez, bonne année, dit-il, et viens pas trop au lavoir. »

Marthe sauta de côté et leva la main sur

lui. Elle avait les yeux rouges d'un dragon. Sa bouche était tordue.

Marco avait bondi sur le talus.

— Attention ! cria-t-il, tu as de la fumée qui te sort du nez !

Un brouhaha lui répondit. Il l'écouta de toutes ses oreilles. Marthe aussi l'écoutait, tout en montrant son poing à Marco. Et ils entendaient tous deux, derrière les « allons, allons » d'apaisement, quelques rires étouffés. Marthe sauva la face :

— Phénomène ! dit-elle en laissant tomber son bras.

Ses yeux disaient « On se retrouvera ». Les yeux de Marco lui répondirent « Il te faudra courir vite ».

Elle se retourna en haussant les épaules et en souriant, l'air amusé, comme tout le monde.

Marco triomphait. *Je l'ai eue*, se dit-il.

Et il sauta sur le chemin. Comme ses pieds touchaient terre, il entendit la voix de sa mère : « Viens embrasser Marthe, Marco. »

Quoi, ils sont tous fous ! Marco aurait préféré embrasser un « taïchou » (*) sur la

(*) Blaireau.

gueule ! Il courut sur le chemin qui ramenait vers son village, vers Urs.

— Où vas-tu ? cria madame Truphème.

— Je pars avec ma sœur et mon frère ! Et le diable vous emporte... ! ajouta Marco entre ses dents.

Déjà ses godillots frappaient les cailloux du talon.

« Le diable t'emporte. » C'était son expression favorite depuis quelque temps. Marco ricana. Il l'imaginait, ce grand diable avec ses cornes incandescentes. Diable tout poilu de noir, puant le bouc et le roussi... Ses sabots de fer rouge laissaient des empreintes fumantes. Il dévalait la pente devant Marco dans un fracas d'éboulis, tout en piquant de sa queue terminée en flèche ardente les fesses de Marthe Nigoul qui gigotait sans espoir contre son flanc rougi. Et à la taille, dans son dos, ballottaient les trois Toulousains, déjà tout rôtis et desséchés, pendus à sa ceinture de fer par des crochets qui leur traversaient le cou.

*
**

— Ah ! soupira madame Truphème, je n'aime pas les voir partir seuls dans la montagne. S'ils rencontraient ces trois malades !

— Allons, allons, répondit Charles Truphème, ne cauchemarde pas. Les malades sont partis de Toulouse en fin d'après-midi. À trois, ils n'auront pas réussi à faire de l'auto-stop. Ils auront peut-être pris un train. En admettant qu'ils viennent par ici, le train de nuit n'arrivera que dans une demi-heure. Les enfants ont largement le temps d'arriver au village !

— Qui sait, justement, dit quelqu'un, s'ils viendront par ici ! L'un d'entre eux est des Cabannes, mais s'en souvient-il ? Saurait-il trouver une gare, et prendre le bon train... ? Bah ! à cette heure, ils ont dû retrouver l'hospice de Bagatelle, je vous le dis !

Il le disait, oui ! Mais il se trompait !

3

Bibi serra autour de lui son grand manteau et enfonça son chapeau sur sa tête. Il faisait froid dans ce wagon depuis que la portière était ouverte. Bibi ne se sentait pas à son aise. Les voix familières de ses deux camarades lui manquaient. Maintenant il n'avait plus que le train à écouter. Et c'était un tumulte de grincements. Il lui semblait que tout allait se disloquer, les parois, le plancher, le toit, et son pauvre cerveau...

Heureusement, Bibi n'était pas seul. Il y avait ce jeune homme qui passait la tête à travers la cloison, comme par une fenêtre. Il souriait. Ce garçon-là était heureux. C'était évident. Et il disait pourquoi : il prenait le train.

Bibi l'avait remarqué dès son arrivée.

Puisqu'ils étaient seuls tous les deux, maintenant, ils pouvaient faire connaissance. Bibi se leva et alla saluer son nouveau compagnon de voyage.

— Vous croyez que j'ai bien fait de rester là ? lui demanda-t-il. Bien sûr, vous ne savez pas. Moi non plus. J'ai bien failli descendre à la gare des Cabannes, avec mes camarades. Mais quand j'ai vu ces gens qui s'approchaient de nous, ils m'ont rappelé nos médecins de Bagatelle, notre maison à Toulouse. (Il rit.) Nous nous sommes échappés. Ils doivent être furieux ! J'ai préféré remonter avec vous. Bibi ajouta sur le ton de la confidence : Vous m'êtes sympathique !

L'autre ne répondait pas. Mais son regard muet invitait pourtant à la conversation.

— Ne vous inquiétez pas, dit Bibi, je comprends. J'ai un camarade muet, comme vous ; il s'exprime avec les yeux. Remarquez, vous avez plus de chance que lui, ce que vous dites est écrit à côté de vous.

Bibi lut : « Faites comme moi, prenez le train. »

Il faisait froid.

— Vous qui savez comment prendre le train, vous ne sauriez pas, par hasard, comment on en descend ? demanda Bibi. (Et soudain, s'énervant.) Dites, vous ne me prendriez pas pour un imbécile ? Bibi haussa les épaules et, lui tournant le dos, il dit au jeune homme : Je sais bien, allez, que vous êtes une affiche. Et puisque vous ne voulez pas m'aider, vous verrez que je me débrouillerai tout seul.

Le train ralentissait.

— Voilà justement une gare, dit Bibi, c'est là que je descends.

Il alla se placer devant la portière en tenant, d'une main, son chapeau qui menaçait de choisir la liberté (comme son maître).

La voie ferrée montait à flanc de montagne. Au-dessous, dans la nuit, Bibi distinguait une pente blanchâtre et, au fond, une vallée, et des lumières qui traçaient une route.

— Il a neigé, ici, dit-il d'un air de connaisseur.

Soudain, au-dehors, tout s'éteignit et le train ralentit encore. Il longeait un mur noir.

Bibi se précipita de l'autre côté du wagon et colla le nez à la vitre. Il ne vit qu'un deuxième mur noir.

Le train roulait très lentement, comme si chaque tour de roue était le dernier.

— Avec cette panne d'électricité, dit Bibi, je vais manquer la gare !

Heureusement, grâce à la lumière du wagon, il voyait bien qu'il n'y avait pas de quai, mais seulement des cailloux et, à intervalles réguliers, des tas de sable ou de gravier, des sacs, des outils... Alors quelque chose au fond de son esprit se débloqua, un souvenir lui revint. Il pensa : *Des travaux.* Puis il se rappela qu'il passait entre deux murs et il dit au jeune homme : *C'est rare qu'on arrive à une gare par un tunnel !... Tunnel !* Bibi sentit son cœur se serrer. Il descendit deux marches, ferma les yeux, mit ses bras croisés devant son visage et sauta à pieds joints, tout en pensant avec remords qu'il ne disait pas au revoir au jeune homme de l'affiche.

Juste à ce moment-là, par chance, le wagon sortait du tunnel.

Ce fut dans une congère que Bibi fit son roulé-boulé-glissé-glacé. Et ce fut contre un frêne centenaire que sa tête nue s'arrêta avec un craquement sourd.

— Quel choc ! dit Bibi.

Et il pensa à Bagatelle. Là-bas, on disait toujours : « Il a eu un choc, il lui faudrait un autre choc... choc... choc... »

Bibi se leva. Il se sentait identique à lui-même, la tête toujours aussi légère, légère... Il y porta la main et s'écria :

— Mon bibi !

Il allait pleurer si, dans la chute, il avait perdu ce compagnon qui lui avait donné son sobriquet ! Mais dès qu'il ouvrit les yeux, il vit son chapeau accroché à un buisson comme à une patère. Il poussa un soupir de soulagement.

Il prit le couvre-chef informe et le secoua énergiquement, puis le baisa, avec tendresse et respect, le fit tourner plusieurs fois entre ses doigts, et l'enfonça sur son crâne.

Il était bien, à présent. Il descendit droit

devant lui dans la neige, heureux et fier de sentir que tout le monde le regardait.

Arbres, rochers, buissons, et jusqu'au moindre brin d'herbe, en effet, se bousculaient pour ne rien manquer de ce spectacle étonnant : à chaque pas, Bibi pivotait sur sa taille et lançait les bras à la volée, à l'horizontale de ses épaules ; un pas : tout à droite ; l'autre pas : tout à gauche, en cadence...

Régulièrement, ses mains heurtaient une branche, ou un tronc. Mais pour rien au monde Bibi n'aurait renoncé à cette démarche qui, avec son chapeau, l'avait placé parmi les vedettes de Bagatelle.

Il arriva dans la rue d'un village, et lut une pancarte blanche : URS. Il répéta ce mot plusieurs fois, tout en marchant, mais aucun sens ne lui apparut pour ces trois lettres.

Il se mit à neiger.

Bibi continua son chemin et, avec ses bras virevoltant sans arrêt, les flocons se demandaient s'ils arriveraient à tomber quelque part.

D'un coup, Bibi s'immobilisa. Il venait de voir le mot magique. Blanc sur fond bleu : ÉCOLE.

Il poussa la porte. Elle s'ouvrit. Et il entra.

Il visita les trois classes, l'une après l'autre, soigneusement, s'enivrant de l'odeur d'encre et de craie. Ici, il reconnut la carte de France des reliefs, avec ses couleurs de feuilles mortes ; là, le parcours bleu des grands fleuves et de leurs affluents ; ici la planche des fleurs de montagne, qui commence par l'aconit ; là, le corps humain, avec ses filets de muscles bruns ; là encore, les oiseaux multicolores, et là les mystérieux animaux de la préhistoire... Ce monde lui semblait familier.

Je vais avoir le choc, peut-être ! pensa-t-il.

Il passait d'une classe à l'autre, s'asseyait à la place du maître, se levait, allait au tableau noir, faisait des moulinets avec la longue règle, avant de la poser sur les sources de la Seine ou la digitale pourpre... De temps à autre, il éclatait de rire...

Dans la classe intitulée « Madame Pucheu », il avisa une porte qu'il n'avait pas remarquée.

Il l'ouvrit, éclaira et poussa un cri de joie : il était dans un dépôt de costumes et de décors : des robes, des jupons, des chapeaux de toutes les couleurs, en velours, en coton, en papier crépon, des fleurs en carton, des écharpes en plumes, une baguette de fée, un casque de pompier, un paravent chinois, un cornet à piston... Et puis, un énorme masque, rose, vert, et jaune, en forme de gueule de tigre souriant, avec des oreilles grosses comme des assiettes, d'un rouge flamboyant.

Bibi riait aux larmes !

— Où sont les enfants de cette école ? disait-il tout haut.

Il s'imaginait déguisant tout le monde et partant pour une farandole effrénée dans les rues du village.

Il sortit :

— Où êtes-vous ? cria-t-il.

Personne ne répondit. Il avisa une cour à côté de l'école et y entra. Il ouvrit une porte et passa la tête : il réveilla un cochon apoplectique qui lui grogna une injure.

— Oh ! ça va ! dit Bibi. Je ne voulais pas vous déranger !

Il ouvrit une autre porte et reçut en plein nez le museau espiègle d'un ânon.

— Venez, venez, dit-il, on va s'amuser !

L'ânon sortit avec sa mère et tous deux

regardaient Bibi, qui ouvrait toutes les portes de la basse-cour en riant.

Le bélier vint sur le seuil de la bergerie, prêt à suivre ce pâtre étonnant (le bélier est un aventurier). Puis, quand il vit Bibi se diriger vers le poulailler, il retourna parmi ses brebis.

— Ce n'est rien, rendormez-vous, dit-il. Et il confia à la favorite : J'avais cru voir un nouveau pâtre, mais c'était un tourniquet d'arrosage par aspersion.

Il resta longtemps à regarder au-dehors, sceptique. Seule sa responsabilité à l'égard du troupeau le retint de suivre ce tourniquet en goguette pour éclaircir la question.

Au poulailler, le coq se mit en fureur. Quoi ! on le dérangeait avant le lever du jour ? Bibi battit en retraite devant le bec assassin.

Quant aux poules, on dit toujours qu'elles sont bêtes... C'est vrai qu'on n'en a jamais vu sortir de polytechnique. Mais cette nuit-là, elles ne sortirent pas non plus du poulailler. Quelques-unes ouvrirent un œil, puis rentrèrent bien le cou dans les plumes et reprirent leur sommeil sans rêves.

Mais Bibi ne se laissa pas décourager. Il continua son porte-à-porte. Et un moment plus tard, un étrange cortège se mit en route, derrière un Bibi plus pivotant que jamais sous une cape de satin rose.

Le bélier s'élança contre le mur de la bergerie qu'il ébranla de toute la violence de ses cornes, une fois, deux, trois.

Puis il revint à la porte. La basse-cour était déserte. *Ouf!* se dit-il, *je me suis remis les idées en place !*

Mais il n'était pas tranquille. Tout était ouvert : la porcherie, l'écurie, le poulailler... Ce n'était pas naturel.

Il n'avait pas tout rêvé.

Toute la nuit, il eut des maux de tête.

4

La nuit était sombre. C'est à peine si Marco devinait les trois silhouettes, devant lui, un peu plus bas. Trois silhouettes ? Deux plutôt !

Car Évelyne Truphème et Roger Bonnel n'en faisaient qu'une, tant serrés l'un contre l'autre qu'on les aurait crus ficelés ensemble.

Et puis Benoît Truphème, le grand sifflet ! Un an de plus que Marco seulement et il le dépassait d'une tête !

Marco se tenait à distance. Il avait besoin de penser. Cette soirée lui était montée à la tête. Il avait les jambes dures de force, il aurait pu danser toute la nuit. Et il aurait pu chanter encore. Il avait de l'électricité partout. Les Toulousains pouvaient venir, Marco se sentait invincible. Une sorte de Moïse qui n'aurait eu qu'un mot à dire pour que la Resclauze sortît de son lit, remontât à sa source et encore plus haut, et allant soulever le lit de Marthe Nigoul, l'emportât vers l'Ariège, puis la Garonne, puis l'Océan...

Et Marthe Nigoul en chemise, tremblante, pleurante, terrifiée, qui monterait et descendrait sur les vagues...

Et puis Marthe Nigoul arrivant sur son lit dans le port de New York.

— Pauvres de nous ! dit Marco à haute voix, ils auraient une belle image de la France, les Amerloques !

— Qu'est-ce que tu dis ? fit Benoît.

— Rien, je me marre !

Benoît haussa les épaules. Marco le devinait plus qu'il ne le voyait. Benoît haussait tout le temps les épaules, à propos de tout ce que faisait Marco.

— Et je t'em... bête, ajouta plus bas Marco.

Décidément, la vie en société ne lui convenait pas cette nuit. Marthe Nigoul, Évelyne, Benoît... Marco en avait des ennemis ! Sans parler des Toulousains, mais ceux-là au moins, comme avait dit M. Truphème, pour l'instant, ils étaient à Toulouse.

Marco ralentit encore le pas. Il valait mieux qu'il reste en arrière. Ils avaient tourné dans la combe. La nuit était encore plus épaisse.

Là, entre le Quié (*) d'Axiat et le Quié d'Urs, la Resclauze tonitruante fait limite. Frontière mystérieusement acharnée à isoler les deux communes l'une de l'autre, à séparer les montagnes pourtant collées. L'eau a creusé une fente profonde, une vraie tranchée qui se termine en entonnoir. Un paysage préhistorique. Du reste qu'y a-t-il de changé, ici, depuis des millénaires ? Le pont de pierre a été construit. Mais les arbres qui se disputent les bords de la rivière l'ont entièrement camouflé. Il est maintenant invisible. Le parapet de bois a été entraîné par une crue, si bien qu'il faut être vraiment du pays pour

(*) Montagne.

savoir que le chemin passe sur un pont.

Marco entendait les exclamations d'Évelyne qui se tordait les chevilles dans les éboulis. *Chiqué !* pensa-t-il. Sa sœur était une vraie chèvre. Comme lui. Et elle connaissait la montagne. Elle savait même qu'au bas de la pente, il fallait tourner à angle droit sur le pont, puis remonter de l'autre côté. Ici, il faisait noir. En face, ce serait pire.

Mais le danger était juste avant le pont car, si on ne tournait pas, on risquait de se jeter dans le fossé d'aubépines qui protège le lit de la Resclauze.

— Ho, Benoît ! cria Marco. Passe bien au milieu du chemin !

Trop tard ! Un hurlement lui répondit. Marco se mit à courir.

Son frère se débattait dans les buissons. Il suffoquait de peur et de douleur. On l'entendait. Mais on ne le voyait pas ; simplement, on aurait dit que la nuit bougeait à côté du pont.

— Ne remue pas n'importe comment ! dit Roger Bonnel.

— Maman, maman, se lamentait Évelyne.

— Ah ! la ferme ! fit Marco. Il faut le tirer de là !

— Si au moins on y voyait quelque chose !

Roger Bonnel entreprit de déraciner un jeune frêne. Il ahanna un moment, puis jeta un cri de triomphe et tendit à Benoît l'arbre devenu perche.

— Tu vois le bâton ?

— Non !

— Écoute-le alors ! dit Marco.

— Tu le situes ? demandait Roger, et de la pointe du frêne il tapait les aubépines.

— Oui, mais je n'arrive pas à l'attraper.

Roger avait sa voix douce. Il expliquait — Benoît allait se dégager des épines, doucement, pour ne pas tomber plus bas. Puis il allait se cramponner au bâton, et se laisserait tirer.

— C'est simple, dit Marco, il suffisait d'y penser.

Benoît s'affolait. Sa respiration était pleine de larmes. Roger l'encourageait :

— Ne t'inquiète pas. Ça va aller !

— Je n'y vois rien !

— Tu n'as pas besoin d'y voir. Tu te les sens les épines, non ! s'impatienta Marco.

Cette fois Benoît sanglota pour de bon.

— J'en ai partout !

— Bon, accroche-toi au bâton.

— Je le tiens.

— Voilà. Tiens bien des deux mains.

— Je peux pas ! J'en ai une dans les épines.

Il fallait encore lui expliquer gentiment : Roger savait le faire. Et puis un peu plus rudement : Marco s'en chargea. Mais toujours Benoît répondait : « J'y vois rien ! »

Alors Marco eut une idée. Il emprunta à Roger son briquet et mit le feu à son mouchoir. La flamme vacilla.

Et ils découvrirent Benoît écartelé sur son lit d'épines, la main gauche crispée sur le frêne.

— Ah, tu es jojo ! dit Marco.

Mais son frère, d'une voix mourante, lui répondit en patois « *que seretz plan brave se'm podetz dar un cop de man* » (*). Marco en fut tout retourné.

— Hé ! le fakir, dit-il, bouge-toi. Je n'ai

(*) Vous seriez bien braves si vous pouviez me donner un coup de main.

qu'un mouchoir, et je ne vais pas me brûler les doigts pour ta bêtise !

Benoît poussa un cri de rage. Puis d'un coup se décida. Il tira sa main droite vers la perche et la saisit. Ses sanglots redoublèrent. Il s'était déchiré la paume et le poignet, et sous son mouvement, sa litière improvisée s'effondra.

— Là, montra Marco, la souche. Mets le pieds dessus. L'autre pied sur la pierre, ici. Vite !

Déjà le mouchoir était à demi brûlé.

Benoît s'exécuta. Ratant son coup une fois, puis se reprenant.

Marco s'était mis à plat ventre, il tenait le mouchoir d'une main, l'autre main, il la tendait vers son frère, et il le tira par la cape pendant que Roger le tirait par le frêne.

— Ho hisse ! fit timidement Évelyne.

Elle sentait que Benoît pourrait tout lâcher et se laisser tomber. Il en était capable. Depuis un moment, elle ne disait plus rien. Elle se faisait petite. Pour ne pas perturber le sauvetage. Maintenant elle s'approcha et trouvant des mots de mère :

— Viens, *vallen petit* (*), viens, tu y es.

Benoît la regardait, les yeux noyés.

Elle sourit dans la minuscule déchirure de la nuit.

Allait-il faire ce rétablissement, ou s'écrouler ?

(*) Petit chéri.

— Oh ! cria Marco. Tu te grouilles un peu ? J'ai les doigts qui crament !

Il tira son frère de toutes ses forces et sa main, au travers de la cape, avait saisi maintenant la veste, ou la chair, il n'en savait trop rien. Elle s'y était enfoncée comme une serre de vautour. La came cruse (*), elle-même, ne lui aurait pas fait lâcher prise.

(Qui saurait dire si Benoît a été remonté par la force de Roger Bonnel, la muette prière d'Évelyne, sa propre volonté, ou l'extraordinaire violence de son frère ? Il s'est retrouvé à plat ventre sur le chemin. Et il y est resté, amorphe, misérable !)

Marco lui donna un coup de pied.

— Ho, alors ! tu dors ici ?

Benoît se releva en pleurant.

— J'ai mal.

(Plus tard on saurait qu'il saignait partout.) Le froid mordait dans ses entailles et la douleur lui donnait la fièvre.

— Ouais ! s'exclama Marco, bouge-toi ou nous allons tous mourir de froid à cause de toi !

(*) Sorte de loup-garou.

Évelyne prit le rescapé dans ses bras. Elle avait ouvert largement son manteau et l'en enveloppa en lui caressant les cheveux.

Et là, soudain, Marco vit : la chaîne en or de sa sœur échappée de son corsage, la simple chaîne sans sa médaille. Ce détail choqua Marco.

Mais Benoît disait « Merci ».

Marco le bouscula :

— Merci de quoi ? On allait pas te laisser dans ce trou, non ? Les renards t'auraient mangé. Ils auraient attrapé ta maladie. Bientôt tout le pays aurait été comme toi.

Roger Bonnel essayait de rire pour diminuer la tension.

Mais Benoît, qui reprenait vie, riposta :

— Je suis malade, moi ? Qu'est-ce que j'ai ? C'est être malade d'être tombé ? Dans cette nuit qui est noire comme le cul d'un poêlon ?

Ils se remirent à marcher. Les amoureux devant, les deux frères derrière.

— Il faut le faire de tomber de là ! Mais bien sûr, tu ne le connais pas ce coin ! Tu es toujours le nez dans tes livres, à les renifler, une vraie souris. À peine si tu es au courant qu'il y a un pont ici, alors tu parles ! Pour savoir qu'il n'y a pas de parapet ! La vérité c'est que tes livres, ils t'ont rendu pas dégourdi. Voilà. *Tu es bestia com un esclop* (*).

— Sûr ! je suis ton frère, dit Benoît.

— Mon frère ! oui ! Ma honte, tu veux dire !... Quand je vois que tu n'arrivais pas à te remuer ! Tu restais là ! Escaraillé, tu attendais !

— Tu sais que j'étais dans les épines, abruti ! À mesure que je me sortais d'un côté, elles m'agrippaient de l'autre.

— Elles savaient que tu es un mauvais payeur, tiens ! dit Marco en riant.

Benoît se vexa, cette fois.

— Dis que je suis avare ! Dis-le ! N'empêche que tu es bien content quand tu peux me demander des sous. Et je te les donne !

— Toi, tu n'en fais rien !

— Et toi, je me demande ce que tu en fais !

Marco rougit dans la nuit. Lui apparurent d'un coup des monticules de boules de

(*) Tu es bête comme un sabot.

chewing-gum bleues et rouges, des rouleaux de réglisse grands comme des serpents de mer, des foules de « baisers de nègres », des décalcomanies étincelantes représentant toute l'Amérique dont il rêvait : cow-boys et leurs lassos, troupeaux de chevaux, drapeaux aux cinquante étoiles...

Lui apparurent aussi des sacoches neuves pour son vélo, et un nouveau timbre pour mettre au guidon, un gros, avec Mickey dessus...

Pourquoi se sentir coupable ?

Il pinça son frère soudainement et Benoît se mit à hurler.

Évelyne se retourna.

— Qu'est-ce qu'il a ?

— Est-ce que je sais, moi ? Les épines, sans doute ! fit Marco d'un air innocent.

Évelyne s'énerva.

— Ouh !

Marco en avait assez de cette famille !

— Benoît — Benêt, cracha-t-il.

Benoît haussa les épaules. Encore un coup ! Un jour, il avait dit à Marco que c'était par « condescendance ». « Condescendance. » Vous lisez bien !

— Intellectuel ! dit Marco.

— Imbécile ! fit Benoît.

— Tu t'es vu ? demanda Marco. On dirait un dindon avec ta cagoule.

— Et toi, tu as mis la casquette pour empêcher tes oreilles de pousser !

— Ah, la paix ! s'écria Évelyne. Taisez-vous !

Marco ralentit l'allure. Il les laissa filer. Benoît se retourna une fois ou deux, puis haussa les épaules et accéléra.

— Le diable vous emporte ! murmura Marco.

*
**

Marco en avait des ennemis !

Marthe Nigoul. Elle ne l'intéressait pas beaucoup. Elle était froussarde et vivait seule. Les idées pour lui donner des cauchemars ne manquaient pas.

Benoît n'était pas bien redoutable non plus. D'un trait de moquerie, Marco le mettait K.-O. Il pouvait hausser les épaules, son moral, lui, baissait pour un rien !

Évelyne était le morceau de choix. Le seul

adversaire digne de Marco. Et cette nuit, elle avait une chaîne autour du cou, une simple chaîne sans médaille... où était la médaille ? Marco sentit une démangeaison caractéristique au milieu de la poitrine : un beau combat s'annonçait. Il DEVAIT trouver la médaille, ou faire croire qu'il l'avait trouvée !

Ce que Marco avait baptisé l'équateur de son cerveau (c'est-à-dire la bande qui sépare l'hémisphère de la raison de l'hémisphère de l'inutile où se logent les idées folles si roboratives) n'avait jamais mieux mérité son nom. Il y faisait chaud. Très chaud !

Marco avait aussi pour ennemis les Toulousains... Mais ceux-là, au moins, comme avait dit M. Truphème, pour l'instant, ils étaient à Toulouse. Rien qu'à les évoquer, Marco réprima un rugissement. Il ralentit encore le pas.

5

Ainsi Marco s'en alla par cette obscure nuit de Nouvel An.

Il partit d'abord vers les genévriers qui montaient la garde sur le pujol du quié. Il affectionnait ces courtes sentinelles, car on disait qu'elles avaient été plantées par un Yougoslave de passage.

Un Yougoslave ! Vous en avez rencontré beaucoup dans l'Ariège, des Yougoslaves ? Il fallait que ce soit un fameux aventurier pour venir se perdre à Urs, et y mourir…

Car Milévic avait une croix à son nom au cimetière. Et puis, il avait ses arbres. Il devait les regarder pousser, et sans doute il était content.

Les genévriers avaient belle allure. Marco se demanda si le Yougoslave ne venait pas en douce pour les soigner.

Peut-être avait-il une chance de le rencontrer ?

La nuit de Noël, les bêtes parlent, se disait Marco. *Peut-être que la nuit du Nouvel An, les fantômes se montrent ?* Mais malgré l'écarquillement tout à fait exceptionnel de ses yeux, Marco ne voyait personne.

Il était monté très vite, et ne sentait plus les démangeaisons dans ses jambes qui l'invitaient naguère à danser.

En haut du pujol, il marqua une pause, et contempla la vallée.

Dans l'opacité de la nuit, seules se distinguaient quelques formes : la pente de Garanou, le Quié des Cabannes... Mais la montagne de Beille était diffuse et se confondait avec les nuages.

Dans la vallée, des masses moins sombres donnaient l'illusion d'une clarté, Marco devinait l'Ariège que signalait, sur tout son parcours, un filet de brume gris pâle.

D'Urs enfoui dans le noir, il n'apercevait que le mur neuf de l'église. Benoit l'avait bien dit : Il faisait noir comme le cul d'un poêlon ! Marco renifla l'air de la liberté. Il était froid et trouble. *La neige*, pensa Marco. Elle n'était pas loin.

Elle avait déjà doté le silence de cette ampleur si particulière... et les oreilles de Marco d'un picotement caractéristique. Il enfonça d'un geste brusque sa casquette et s'aperçut qu'il avait les doigts gourds.

Il faisait encore trop froid. Elle ne tomberait pas tout de suite.

Marco s'offrit une vertigineuse ramasse jusqu'au chemin. Mais là, en un éclair, il sut qu'il n'avait jamais eu l'intention de rentrer.

Il sauta dans le pré de Garcin et courut jusqu'au pommier qui en occupe le centre... *Comme un poil dans la main*, se dit Marco. Il grimpa dans les branches et éclata de rire. Pour rien. Parce qu'il était bien. Il avait oublié les Toulousains. Il regrettait seulement l'absence de Lion. Mais après tout, Lion partait souvent seul aussi. *La vengeance est un plat qui se mange froid*, se dit Marco en pensant à la fugue que Lion avait faite avec la chienne du Pascalou : deux jours ! Deux jours, Marco l'avait cherché, appelé, repéré puis perdu, enfin trouvé, couché contre sa belle, dans une clairière, complètement en haut de la montagne de Luzenac, presque à la Font de la Galine !

Il se balança sur les mains à une branche, puis se laissa tomber. La terre était dure. Marco la toucha du bout des doigts. Elle était finement gelée comme par une couche de vernis incolore.

Marco partit, ventre à terre, jusqu'au bout de la parcelle et bondit par-dessus le bancaou. Il était dans le champ de l'An 8. Et là, pour la première fois de sa course, il entendit un bruit. Il se jeta par terre. Mais de nouveau l'opulent silence. Il se redressa et descendit vers la bordure.

L'instinct le poussait vers Lordat, vers la forêt. Il pensait y rencontrer quelque bête en balade, un renard, un taïchou, un lièvre...

Ses pieds allaient l'un devant l'autre, ses yeux voyaient tout, au sol, sur les côtés, dans les nuages, et ses oreilles entendirent encore. Pas grand-chose. Mais Marco savait qu'il n'était pas tout seul dans le Quié.

Le Yougoslave ? Pourquoi pas ?

Mais Marco se plaisait à penser que le Yougoslave, vivant ou fantôme, connaissait tant la montagne qu'il marchait comme lui. Et lui, on ne l'entendait pas.

De nulle part. Personne.

Ce n'était pas le Yougoslave.

Marco continua son chemin. Sa tête en

dedans était claire comme du cristal. Et il entendit encore.

C'était comme un bruit d'homme.

Un homme pas d'ici. Le bruit venait de Suscas. Il était passé par la source de Louise. Maintenant il hésitait dans les taillis, qui barrent toute la descente en dessous des ruches de Sabatier. Il cherchait son passage.

Marco hâta le pas. Dans la forêt, il se mettrait en embuscade. Après les taillis, le bruit devrait prendre une forme, car c'était le découvert, sauf à revenir sur ses pas et à longer le sentier de la Serre. Marco surveillerait. En montant le long de la Resclauze, il entendit encore. Le bruit longeait la Serre. Et Marco comprit que c'était le bruit de plusieurs hommes : deux, ou trois peut-être, s'il y en avait un qui savait marcher dans la montagne. Pas plus.

Il se rappela ce qu'avait dit son père : « Ils sont trois et ils sont dangereux. »

6

Marie ne dormait pas. Elle avait les yeux grands ouverts dans l'obscurité et n'arrivait pas à les fermer, tant ils étaient écarquillés, durs, secs, et à l'image de Marie, énervés. Elle était prête à bondir hors de son lit, hors de la maison, hors du village. *Drôle de Nouvel An!* se dit-elle.

D'abord cette fête extraordinaire à Axiat. La blanquette de Limoux, l'accordéon, la voix de Marco, les guirlandes scintillantes, tout l'avait étourdie. Pour la première fois de sa vie, elle avait ressenti en elle une intensité de joie si puissante qu'elle en devenait, par moments, douloureuse. En écoutant Marco chanter, il lui avait semblé que cette nuit ne finirait jamais, et que tous ces gens rassemblés dans la gaieté deviendraient immortels.

Comment imaginer qu'il puisse exister sur terre un autre sentiment que cette plénitude ? Marie avait entendu le père Truphème qui disait : « Ce Marco, c'est un vrai bonheur ! » *Un vrai bonheur, voilà ce qu'il fallait dire de cette nuit de Nouvel An !*

Les Lordat avaient été parmi les premiers à quitter Axiat. Un moment, ils avaient entendu le brouhaha des voix qui échangeaient les vœux et les au revoir, et de l'accordéon qui continuait tout seul à jouer une phrase de-ci, de-là.

Et puis, plus rien. Le vent poussait vers Beille le ronronnement de la Resclauze et de l'Ariège, qui quelquefois roule sur la jupe du Quié. Sur le versant d'Urs, le silence était infini.

Marie n'oubliait pas cette sensation d'être assise sur le seul bruit de l'univers. C'était à la fois inquiétant et doux, protecteur et grandiose.

À l'entrée d'Urs, sous l'église, la voiture

avait ralenti brusquement, puis s'était arrêtée à côté de deux gendarmes.

Des gendarmes, à Urs, à part le fils Bernadac quand il venait en vacances, on n'en voyait jamais. (Qu'est-ce qu'ils auraient fait ? je vous le demande !) Alors, en pleine nuit, et disant qu'ils n'étaient pas que deux, qu'il y en avait d'autres dans le village... Drôle de Nouvel An !

Les gendarmes recherchaient trois malades qui s'étaient échappés de la maison de santé de Bagatelle, à Toulouse, et qui avaient été repérés dans la soirée à quelques kilomètres d'Urs, aux Cabannes.

Non, les Lordat n'avaient vu personne sur la route de Garanou.

Oui, ils rentraient chez eux.

Oui, ils y resteraient.

Mais d'autres allaient revenir d'Axiat.

Presque tout Urs était là-haut, puisque le Fourcade qui recevait à Axiat était à la fois beau-frère de Bernadac, cousin germain de Marfaing, et donc de sa sœur épouse Lafaille (tous d'Urs, du Barry d'en Bas), qu'il était conscrit de Sabatier du Barry d'en Haut... et je vous en passe... Certains reviendraient en voiture et, donc, feraient le détour par Vernaux, Luzenac, et arriveraient par la route de Garanou, comme les Lordat. D'autres descendraient à pied, par la montagne.

— Bon, dit un gendarme, nous allons y monter les prévenir.

Jean de Lordat avait proposé de remonter lui-même, et le cœur de Marie s'était gonflé d'espoir.

— Non, dit le gendarme qui semblait être le chef, nous irons nous-mêmes.

Les Lordat étaient rentrés. Marie déçue.

Elle était montée se coucher tout de suite, avec sa mère derrière elle, qui la pressait, qui la bordait, bien serrée, qui lui mettait dans les bras son panda en peluche, puis redescendait d'un pas rapide.

Le panda attendait que Marie lui raconte une histoire, comme tous les soirs. Et Marie inventait. Mais depuis un moment elle s'était interrompue, laissant face à face en pleine jungle toute une famille de pandas et le roi des animaux, le tout-puissant lion. Qu'en faire ? Le panda ne semblait pas pressé de connaître la suite. Et Marie se dit tout haut :

Et les gendarmes? Qu'est-ce qu'on ferait des gendarmes?

Elle les avait presque oubliés.

Pourtant, c'était bien à cause de leur présence dans le village que les parents ne montaient pas se coucher.

Marie entendait chuchoter dans la cuisine.

Elle n'y tint plus!

Elle sauta de son lit et alla tirer la fenêtre.

En collant son œil à la fente du volet, elle vit que la neige tombait. Si épaisse qu'on ne distinguait pas les flocons. C'était un rideau qui descendait du ciel et entassait indéfiniment ses larges plis blancs par terre et sur les toits. *Drôle de Nouvel An !* se dit Marie. Cette neige ne l'amusait pas. Le silence de la nuit était trop profond, trop dense.

Elle se glissa jusqu'au départ de l'escalier qui descend à la cuisine. De là, les bruits de voix, bien qu'étouffés, lui parvenaient mieux.

Elle s'assit sur la première marche, sa chemise de nuit bien serrée autour d'elle, et se pencha contre la cloison de bois pour mieux écouter. Ce qu'elle entendait la glaçait plus encore que le vent coulis qui descendait du grenier.

— Qui aurait dit qu'ils arriveraient par ici aussi vite ?

— Charles Truphème avait entendu la nouvelle aux informations juste avant de monter à Axiat…

— On l'avait dit à la radio ?

— Ils sont donc dangereux !

— Je crois que l'un d'eux a besoin d'un

traitement médical et qu'on les recherche surtout pour le soigner.

— Tout de même, ils sont peut-être dangereux. On ne sait jamais avec les faibles d'esprit !

Faibles d'esprit ! Marie les imaginait, désarmés, comme ces oiseaux qu'on trouvait quelquefois dans la neige devant la maison. Elle les prenait dans son tablier et les couvrait de ses mains.

Ces trois faibles par le cœur, elle les entourait, les protégeant du froid, de la montagne, et de tous les méchants.

Comment pouvaient-ils être dangereux puisqu'ils étaient faibles ?

En bas, quelques coups précipités venaient de heurter la porte.

— Qui est-ce ? s'écria Grand-Père.

Marie écoutait à s'en faire saigner les oreilles.

— Ah ! C'est toi ? Qu'est-ce qu'il t'arrive ?

Alors la voix de Charles Truphème dit, en articulant chaque mot comme s'il était le dernier qu'il puisse prononcer :

— Marco est resté tout seul dans la montagne !

7

Depuis un moment, la neige tenait sur les vêtements de Marco. Elle s'accrochait à son col. Maintenant, elle se tassait dans son cou. Il se dit que sa nuque allait se transformer en congère.

Dénudée par l'hiver, la forêt n'était pas un abri. Quand par hasard la neige s'arrêtait sur un croisillon de branches et s'y accumulait un moment, le vent la renversait et on aurait dit un gros plat de millas glacé qui vous tombait sur la tête.

Marco était sur la voie pavée que les Romains ont construite pour monter à Lordat. Il s'était embusqué entre les troncs de deux frênes jumeaux, juste au bord du chemin. À sa gauche, un à-pic de ronces qui moutonnaient ; à sa droite, la forêt ; devant lui, toute la vallée avec les flancs du Quié largement ouverts aux regards.

De là, il aurait pu surveiller tout le pays par une nuit ordinaire.

Mais la tempête était rude.

Marco se répétait le vieux proverbe indien : « La nuit est noire pour celui qui ne sait pas voir. » Et il finit par se dire que cette nuit-là n'était pas seulement et simplement noire comme une autre. La neige la rendait opaque, avec son remue-ménage de flocons.

Il lui sembla voir bouger, plusieurs fois, là où les étrangers auraient pu marcher. Il n'était sûr de rien.

Et le silence, ce grand silence mystérieux qui accompagne toujours la neige, devenait infini au cœur de la nuit.

Une chose qui ne faisait aucun doute, personne ne monterait vers Lordat.

Et si quelqu'un devait chercher Marco par une telle nuit, ce ne pourrait être que son père… et encore, il ne viendrait pas jusqu'ici.

Il appellerait d'en bas, longtemps, d'abord.

Non, les Toulousains, même s'ils étaient dans les parages, n'étaient sûrement pas à la poursuite de Marco.

Ces beaux raisonnements, et l'humidité glacée qui commençait à lui atteindre les os par endroits, donnèrent à Marco un prétexte pour rentrer.

Et il descendit à travers les buis, en tirant droit. Il connaissait la montagne par cœur (les chemins, il ne les prenait que pour la conversation, parce qu'ils voient beaucoup de choses et les racontent quand on sait leur parler).

Il avait marché cinq minutes à peine lorsqu'il vit un nuage de neige qui s'ébrouait au pied de la pente. Il s'accroupit et lança son regard de toutes ses forces dans cette direction. Et un deuxième nuage de neige fut soulevé, puis un troisième, plus petit.

Ils étaient trois. Ils suivaient le chemin creux qui descend sur la Bouiche.

Marco se mit à trembler. De froid. Et pourtant, il devait rester immobile. À attendre que les autres aient filé. Il se disait qu'il valait mieux ne rencontrer personne. Il se disait beaucoup de choses, Marco. Il se parlait pour s'éviter de se demander pourquoi il n'était plus aussi heureux, plus aussi léger, plus aussi fort... Il finit même par se donner l'ordre de rentrer chez lui au plus vite. A-t-on idée de rester dehors par un temps pareil ?

Et il se mit à dévaler la pente. Mais le tapis blanc, ici le ralentit, ici le trompe... il glisse, il se rattrape, et puis, arrivé sur le dos du bancaou, il tombe, le nez en avant. Qui riait de ses taches de rousseur et prétendait qu'il avait pris le soleil à travers une passoire ?

Cette fois, il a pris la neige sans intermédiaire, direct ! Un peu voir s'il va devenir blanc !

Il se relève. Il s'essuie comme il peut. Mais quel démon le pousse ? Il saute sur le bancaou, au lieu de filer droit vers Urs. Quel diable lui souffle ? Il va vers l'orry, cet abri de berger qui s'ouvre à flanc de talus.

Il pensait — non sans orgueil — qu'il était un des derniers dans le pays à connaître cet endroit. Et peut-être le dernier à y venir quelquefois.

Les ronces cachaient l'entrée du trou, mais

elles s'écartaient, sur le côté, comme pour montrer à Marco le chemin de sa demeure. Et il entra.

À l'intérieur, l'obscurité était si dense que Marco regretta de ne pas manger assez de myrtilles (ce petit fruit bleu qui donne la vue claire). Mais « la nuit est noire à celui qui ne sait pas voir ». En insistant, il parvint peu à peu à distinguer un foyer au centre de l'orry. Il toucha des cendres, des bûches non consumées.

Stupéfaction !

Quelqu'un avait osé pénétrer son domaine !

Un seul en avait le droit : Franck Truphème, l'aîné, son frère, qui faisait son service militaire en Allemagne. Mais ce feu n'était pas celui de Franck.

Depuis que Franck était parti, Marco était venu. Il avait fait du feu. Pas celui-là. Pas ces bûches en croix.

Alors, Marco se laissa emporter. Il frotta ses mains pour les dégourdir... et il alluma le briquet de Roger Bonnel. En réglant la flamme haute, il illumina l'orry.

Les parois rougeoyantes lui renvoyèrent

des souvenirs. Ces pierres plates près du foyer : les sièges que Franck et lui avaient apportés. Cette boîte de conserve, dans le coin : leur cache à fossiles. Marco s'en saisit et une exclamation lui échappa : elle était vide !

Qui avait osé ? Celui-là connaîtrait la vengeance des frères Truphème !

Il restait le « trou de l'oreille », une excavation qui s'ouvrait dans la paroi du fond de l'orry. À cause de sa forme, Franck Truphème prétendait qu'elle était l'oreille de la montagne. L'histoire plaisait à Marco. Souvent, il se couchait là pour raconter à la montagne tous ses secrets.

Il s'approcha. Comme elle était petite, cette alcôve de terre humide ! Il lui vint fugitivement la pensée qu'il ne pourrait plus s'y allonger très longtemps… à moins de ne plus grandir, ce qu'il ne souhaitait pas.

Il avança la flamme de son briquet et ce qu'il vit lui fit sortir les yeux de la tête. L'oreille de la montagne avait été profanée. Une main sacrilège y avait honteusement abandonné une bouteille de Coca, un livre, et une lime à ongles.

Marco faillit s'étouffer d'indignation !

Et son réflexe immédiat fut d'allumer un vrai feu pour donner de la lumière à son enquête !

Le bois s'était humecté ; il ne parvint à obtenir que quelques flammes dignes de bougies qui, de temps en temps, s'élevaient en torches brillantes, puis retombaient pour brûler bas, comme engourdies. Elles donnaient assez de chaleur et de clarté pour que Marco se sentît plus à l'aise dans sa cape et dans sa curiosité.

Car il s'était rué sur le livre et l'examinait sous toutes les coutures.

Les pages avaient la mollesse que prend le papier quand il séjourne dans la moiteur. Combien de temps ? La dernière visite de Marco remontait aux grandes vacances. Le livre était là depuis moins de quatre mois.

L'Astrologie. C'était le titre. À la première page on expliquait : « Comment mieux vous connaître et connaître les autres. »

Connaître qui a laissé ce maudit bouquin ici ! pensa Marco.

Il parcourait les chapitres à la recherche d'un indice : une écriture, des annotations.

Qui pouvait s'intéresser à l'astrologie ? Verseau, Poissons, Bélier, Taureau, Gémeaux, Cancer, Lion... (Tiens ! Lion avait un signe. Marco le lui dirait.) Au milieu du livre, un grand tableau se dépliait. Il montrait les possibilités d'entente entre les signes. Marco tressaillit. Plusieurs carrés étaient encadrés au stylo bille. Bélier-Gémeaux. Verseau-Lion. Balance-Poissons... Mais les pages suivantes étaient banales.

Marco continuait à feuilleter avec constance et méthode, ne s'interrompant que pour activer le feu nonchalant. Il venait d'aborder les Astromariages et s'attardait à lire, en diagonales, ce que signifiait ce mot lorsqu'il lui sembla entendre un bruit au-dehors. Il tendit l'oreille. Mais sans rien percevoir que le léger chuintement des flammes.

Pourtant, il se souvint tout à la fois qu'il avait décidé de rentrer, et qu'il avait un lit sec à la Carrière.

En voulant presser le mouvement, il fit tomber du livre une bande d'enveloppe qui devait servir de marque page. Et ce timbre, il le connaissait bien ! La famille Truphème recevait le même presque chaque semaine. Il venait de Trèves, Allemagne, franchise militaire. « Franckie ! » s'exclama en lui-même Marco.

Quelqu'un qui s'intéresse à l'entente des signes astrologiques, aux astromariages, c'est-à-dire quels signes doivent se marier ensemble pour être heureux, qui reçoit des lettres de Franck Truphème... Marco n'en revenait pas !

Franckie ! le cachotier ! Mais qui pouvait être la fille ? Valérie ? « Plus tu la tapes plus elle rit ? » Isabelle, qui est bien plus Isa que belle ? Lolotte ? qui a les seins comme des bouillottes ? Franckie n'avait jamais été en retard sur Marco pour se moquer de ces trois « grasses ». Bien au contraire. Son ironie était encore plus caustique, d'après Marco qui ne se trouvait jamais assez puissant dans la dérision.

Qui d'autre ? À Urs, il n'y avait que ces trois filles de l'âge de Franckie, à part Évelyne, sa sœur.

— Maquarel ! s'exclama tout fort Marco. Évelyne !

Il fit craquer encore une fois le briquet

pour aller revoir la lime à ongles. Mais il n'arriva pas jusqu'à elle. Son regard fut attiré par un petit rond brillant incrusté dans la terre. On aurait dit de l'or.

C'était de l'or. C'était une médaille. C'était la médaille d'Évelyne.

Marco faillit éclater de rire.

L'ange gravé regardait en souriant d'un air complice. Marco lui fit un clin d'œil et l'enfouit dans sa poche de chemise. Bien à l'abri. Une telle découverte, c'était une aubaine dans le cadre de sa lutte perpétuelle avec sa grande sœur. Elle était en colère tout à l'heure ? Elle avait voulu frapper Marco ? Elle l'avait accusé injustement ?

On va rire, se dit Marco. Il n'avait pas encore d'idée. Mais il se faisait confiance. Il recouvrit les quelques flammes de son maigre feu.

Il était temps d'aller dormir. La journée avait été bien remplie. Elle avait même duré plus d'un jour puisque l'année nouvelle était entamée... Et c'est alors que Marco entendit.

Ils étaient là, tout près. Ils cherchaient l'orry. Ils tâtonnaient dans les ronces.

Marco se blottit dans l'oreille de la montagne et lui souffla : « Aide-moi. »

Ainsi collé par le ventre au sol humide, il espérait avoir l'air d'un manteau vide oublié là. Un tas de chiffon. Il espérait surtout que personne ne le verrait. Parce que, entre l'orry lui-même et l'oreille, la terre faisait une sorte de rebord, qui pouvait servir de séparation et surtout masquer un garçon aplati comme une galette... Marco, en d'autres circonstances, aurait pensé « comme une oreillette », mais là !... pour reprendre le mot du Tordu, il ne s'agissait plus de « faire de l'esprit », Truphème !

Marco enrageait. Fallait-il être stupide pour avoir allumé ces bûches ! Et pour quoi ? Ni chaleur, ni clarté !... Mais alors ? du dehors, on ne pouvait pas les voir ! avec les ronces, en plus, qui dissimulaient l'entrée !

Il n'eut pas le loisir de mettre de l'ordre dans ses idées.

Une voix sourde dit : « Viens ! » Une autre lui répondit en bredouillant. Drôles de voix étouffées, qu'on aurait crues sorties de bouches en couvertures.

À cause de ces étranges tonalités, Marco

« s'apetissa », et sans faire (comme aurait dit son idole Cyrano de Bergerac) « le quart de la moitié du commencement » d'un bruit, il ouvrit un œil pour observer les nouveaux occupants de l'orry.

Un homme arrivait. Marco, dans le noir, ne vit, tout d'abord, que sa silhouette, découpée dans l'entrée sur fond de neige, quand il s'accroupit pour passer. L'inconnu portait un chapeau... et une cape luisante... comme celle du diable. Il avait à la main une baguette qui brillait aussi, et se terminait par une forme scintillante... Était-ce un trident de démon ?

Il regarda autour de lui puis, se retournant vers l'entrée, il dit à quelqu'un qui était resté dehors :

— Venez, il fait bon ici. Nous allons nous abriter un moment. Et puis, nous irons retrouver ces deux fous — il ricana —, je vais leur faire une de ces surprises !

Deux. Marco pensa à son père. Il ne doutait pas que les deux fous dont il était question fussent Charles et Marco Truphème. Sale histoire vraiment ! M. Truphème, qui voulait tant protéger son fils, savait-il qu'il était menacé lui aussi ?

Le remords et la peur nouaient la gorge de Marco.

— Eh bien ! Venez ! s'impatientait l'autre, avec un accent pointu (il n'avait pas l'accent toulousain, Marco le nota). On a fait du feu, ici, il n'y a pas longtemps. Il fait bon !

L'homme alla sur le seuil de l'orry et revint en tirant une forme gigantesque qui obstrua entièrement l'entrée.

— Entre donc, te dis-je !

Il s'énervait.

Marco ne voyait plus que de temps à autre un petit éclair sur la cape.

Et d'un coup, il entendit le cri, qui lui coupa le souffle. Ce fut une sorte de longue plainte d'agonie qui lui rappela le plus horrible passage de *L'effroyable monsieur Frankenstein,* un film d'épouvante qu'ils avaient vu avec son grand frère à Toulouse, une fois qu'ils s'étaient trompés de salle (ils étaient entrés pour *Le flic de Beverly Hills*).

— C'est la dernière fois que je vous amène ! Vous êtes des ânes !... Vous le saviez ?... Moi aussi ! Mais je viens seulement

de comprendre pourquoi, pour dire que quelqu'un est idiot, on dit qu'il est un âne !

Marco ne respirait plus. La plainte continuait, à fendre l'âme, juste devant l'orry.

Quelle cruauté ce dingue était-il en train d'accomplir ? Et qui était sa victime ? Marco se demanda s'il s'agissait vraiment de SES Toulousains. Il les imaginait mal s'entre-tuant ! Et il commençait à être certain qu'un crime avait été commis, à quelques pas de lui !

Il se rétrécissait contre la terre, se rapetissait, se confondait avec les entrailles de la montagne en les suppliant, d'une muette prière, de l'absorber.

Avait-il tressailli ? L'assassin avait-il perçu le mouvement qu'il avait esquissé pour mieux se tapir dans sa cachette ? Il se retourna vers l'intérieur de l'orry.

Alors Marco, qui déjà ne respirait plus, ne salivait plus, lui qui avait même arrêté son sang dans ses veines de peur qu'il ne fasse du bruit… Marco ferma les yeux avec le vague espoir qu'être aveugle le rende invisible.

8

Les gendarmes étaient montés à Axiat en voiture. Ils tapaient aux portes :

— Vous n'avez rien vu ? Rien entendu ? Y a-t-il quelqu'un chez vous qui doive sortir ? Descendre à Urs ?

Les gens se mettaient aux fenêtres puis s'habillaient, et sortaient sur les chemins, avec des torches, en petits groupes, frileux, sous les capuches ou les grands parapluies de berger. Ils restaient à piétiner, hésitants, essayant d'en savoir davantage sur cette affaire extraordinaire. Mais on ne savait pas grand-chose, les gendarmes n'expliquaient rien. Ils n'avaient pas le temps. Ils allaient de maison en maison.

Tout à coup, une course frappa la route gelée. C'était le maire :

— Brigadier ! Brigadier : la radio !

Le brigadier courut vers la voiture qui résonnait d'une voix excitée :

— Caramel appelle Berlingot ! Caramel appelle Berlingot !

— Oui, ici Berlingot. Ici Berlingot, je vous écoute.

— Nous venons d'apprendre qu'un enfant est actuellement seul dans la montagne. Il semble se trouver quelque part dans le Quié ou sur les pentes de Lordat. C'est-à-dire exactement sur l'itinéraire présumé des personnes que nous recherchons.

Le brigadier laissa exploser un juron puis d'une voix blanche :

— Nom et signalement ?

— TRUPHÈME, Marco, porte une cape noire et un béret basque...

Le maire avait tout entendu. Il alla des uns aux autres et rassembla tout le village devant la mairie. Il tremblait. Pas de froid. De colère et d'inquiétude.

— Écoutez-moi tous, dit-il. Trois malades de Bagatelle sont en ce moment même entre Urs et Lordat, ou Axiat peut-être.

Il n'en dit pas davantage. Tout le monde connaissait Bagatelle.

— Or, Marco Truphème n'est pas rentré chez lui.

— Ouh ! Ouh ! Ils l'auront pris ! s'écria la vieille Berthe en pleurant.

— On n'a qu'à y aller, dirent les hommes.

Le maire compta les volontaires valides. Avec le brigadier, ils distribuaient les rôles. Ceux qui ne pouvaient pas trop marcher, il ne fallait pas pour autant les négliger. Ils surveilleraient le village et ses alentours. Ceux qui étaient un peu plus forts iraient par la route jusqu'à Lordat, Vernaux... Enfin, les plus costauds exploreraient le Quié.

Gendarmes et civils, une armée allait se déployer autour d'Axiat. Le maire était fier de ses ouailles. Tout le village était là. Il fallut même refouler des femmes et des jeunes qui voulaient partir et maugréèrent d'être exclus de l'expédition. En voilà qui allaient se ronger les sangs jusqu'à la fin de l'histoire.

Le maire et son groupe prirent par l'ouest d'Axiat et se dirigèrent vers le bout du village. Le maire était d'une humeur à couper au couteau. Qu'on touche à un enfant, il en avait le sang qui se transformait en chaudière. Mais qu'on fasse du mal à cette merveille du ciel qu'était Marco, son cœur explosait.

Rien à voir avec l'estime qu'il portait à la famille. Marco était encore beaucoup plus que le fils Truphème. Marco, c'était la joie de vivre, la force jaillissante d'un torrent ariégeois, Marco, c'était du soleil, c'était du feu, c'était un héros de ces montagnes. Le maire, qui n'avait pas d'enfant, imaginait que son fils aurait pu être ce garçon-là.

Les soldats d'occasion qui l'accompagnaient pensaient tous comme lui. Ils étaient tous à la fête tout à l'heure. Et la chanson de Marco aurait pu être leur marche. Surtout celle de Touyou, l'accordéoniste.

Trop grand pour ses 15 ans, fort à étrangler un taureau, il était transfiguré depuis qu'il avait entendu la radio des gendarmes. Si le maire ne l'avait pas retenu, il serait parti tout seul, dans la montagne, sans rien réflé-

chir ni calculer. Il avait fallu que le brigadier s'en mêle pour lui expliquer qu'il serait bien plus utile avec ce commando.

Et tous ces empêchements l'avaient vraiment agacé. Le tout ensemble avait fait qu'il avait pleuré dans son cache-nez jusqu'à Paychenosc. Heureusement, dans la nuit, personne ne s'en était aperçu.

À Paychenosc habitait Marthe Nigoul. Justement le maire se rendit compte qu'il ne l'avait pas vue dans le village. *Cette vieille carne n'aime pas Marco, mais tout de même...* Le maire frappa à sa porte.

— Marthe ! Marthe !... Elle en met du temps pour répondre !

Touyou s'impatientait mais ne disait rien. Il avalait ses sanglots.

— On perd du temps, fit un homme.

Le maire l'approuvait, mais il se trouvait que celui qui avait parlé le contredisait tout le temps au conseil municipal. Alors, histoire de ne pas avoir l'air de lui céder, il heurta encore la porte de Marthe Nigoul en l'appelant. Finalement, elle apparut à sa fenêtre et, au récit du maire, poussa des exclamations qui donnèrent à beaucoup de gens l'envie de lui tordre le cou.

Et puis voilà qu'elle se mit à dire qu'elle avait vu Marco il y avait un quart d'heure. Qu'il était revenu à Axiat et qu'il était parti vers Betsaneilles.

La troupe se regarda, médusée. Que faire ? Fallait-il aller vers Betsaneilles ou bien descendre vers le pont de la Cassagne comme convenu avec le brigadier ?

— S'il est à Betsaneilles, il ne risque rien. Les autres ne vont pas monter de ce côté !

— Oui mais, après Betsaneilles, il peut redescendre et tomber droit sur eux.

— Mais qu'est-ce qu'il est allé faire à Betsaneilles ?

Touyou se le demandait. Il eut même un doute affreux qui lui traversa l'esprit. Mais il ne croyait pas Marthe Nigoul assez méchante pour se venger ainsi de Marco.

— Et si le brigadier compte sur nous au Quié…

— Et si on se séparait…

Personne n'était vraiment sûr de la décision à prendre. Même pas le maire qui ne manquait pourtant pas souvent d'idées.

Ce qu'il regrettait de n'avoir pas plus de monde !

— On perd du temps ! dit toujours le même.

— Eh oui ! répondit un autre, mais comment faire ?

Ils étaient tous muets, immobiles, à se morfondre sous la neige, lorsque Marthe Nigoul sortit de sa maison, enveloppée dans un manteau dont elle se couvrait la tête.

— Je le vois sur la route, dit-elle, par la fenêtre de derrière. Il marche vite, le drôle, mais vous pouvez le rattraper.

Cette fois, ils ne se demandèrent plus rien, les soldats d'une nuit. Ils se mirent à courir. Ils allaient rattraper Marco, le ramener à Axiat dans une maison à l'abri, et puis ils avertiraient les gendarmes, et puis ils descendraient vite où le brigadier leur avait dit.

Touyou ronchonnait. Marco à Betsaneilles ? Mais pourquoi ? Et pourtant si elle l'a vu ! Touyou courait devant, la bouche ouverte qui se remplissait de neige.

Marthe Nigoul les regarda partir, et puis

elle rentra et ferma sa porte à double tour, de peur de ces « bandits » qui étaient dans la montagne. Une fois dans sa cuisine, elle hocha la tête avec un drôle de petit sourire.

9

Au carrefour du chemin d'Axiat et du chemin de Lordat, les gens d'Urs attendaient. Ils avaient ratissé toute la pente du Quié jusqu'à cette patte-d'oie, où était fixé le rendez-vous avec les gens d'Axiat. De ce point, ils devaient ensemble constituer une longue ligne qui avancerait pour une battue, vers l'Ariège.

Gendarmes, paysans, vacanciers, ils étaient tous à piaffer dans la neige. Le vent s'était calmé. Les flocons devenaient un peu moins épais. Mais il y en avait encore assez pour que la nuit ressemble à un gros ballot de coton glacé.

Le temps était long. Comme chacun voit les choses à sa façon, et « midi à sa porte » — c'est bien connu —, les habitants d'Urs se répétaient que les gens d'Axiat n'étaient pas intéressants (et de vieilles rivalités revenaient dans les mémoires). Les gendarmes se disaient qu'on ne devait jamais compter sur les civils, les vacanciers pensaient qu'à la montagne rien ne se fait « normalement ». Et le bon M. Truphème, malgré l'angoisse qui le tordait tout entier, supposa gentiment :

— Peut-être que le pont de la Cassagne s'est effondré ?...

Il n'y croyait pas beaucoup mais il était certain que seule une raison de force majeure pouvait motiver le retard d'Axiat.

Personne ne répondit à sa remarque, même pas Jean de Lordat, à son côté.

Qui aurait pu penser que la troupe d'Axiat courait sur la route d'Appy, vers Betsaneilles, après un Marco sorti de l'imagination odieuse de Marthe Nigoul ?

Qui aurait pu penser que Marco était tout près de là ?

Au bout d'un moment, la troupe sentit s'effriter sa docilité. (L'Ariégeois est discipliné, c'est vrai, mais il n'est pas un inconditionnel de l'obéissance !) Des mouvements se firent. Le père de Marie s'approcha des gendarmes pour leur proposer de marcher sans attendre Axiat.

— Nous sommes dix, dit-il, nous pourrions zigzaguer jusqu'au roc de Garanou.

Les gendarmes n'étaient pas d'accord.

— Nous allons nous tromper mutuellement avec Axiat, et toutes les recherches seront perturbées.

Les volontaires étaient de l'avis de Jean de Lordat :

— Au point où nous en sommes !... dit l'un d'eux... avec ce temps !

Celui-ci pensait : *Retrouvons le gosse, et tant pis pour les autres !* Il voulait appeler Marco jusqu'à ce que le garçon réponde. Mais les gendarmes y étaient opposés. D'après eux, crier le nom de Marco indiquerait aux malades que quelqu'un était recherché, et cela ne pouvait que les traumatiser encore. Au contraire, il fallait éviter tout bruit de voix, tout mouvement brusque, toute attitude intimidante. En un mot, on devait être naturel et pacifique.

Ces conciliabules firent passer un moment. Toutefois, tout le monde disait :

— Nous perdons du temps.

M. Truphème soupira :

— Et Lion, lui, il travaille pendant que nous sommes là !

Dès son arrivée à Urs, Évelyne avait lâché le chien. Les Truphème avaient l'habitude, quand Marco restait seul dans la montagne, de lui envoyer son acolyte favori. « Je suis plus tranquille quand ils sont ensemble », disait Hélène Truphème.

Mais cette nuit, l'idée, qui avait paru bonne sur l'instant, était devenue mauvaise, car plus le temps passait, plus la tension montait, et moins on savait quelle conduite adopter.

Lion retrouverait Marco, tout le monde en était convaincu. Mais il pouvait aussi perturber les recherches, attaquer les malades, ou être leur victime ! (Roques avait dit : « C'est qu'un chien, ça se tue ! »)

Où était Lion ? M. Truphème se le demandait avec anxiété. Il n'était pas le seul.

— Dis donc, fit le Bazerquain (celui qui a hérité de la maison de la Tanure), ton chien, est-ce qu'il jappe quand il retrouve ton fils ?

— Non !

— Eh bien ! nous pouvons tourner autour toute la nuit sans les voir, alors ! s'écria celui qui voulait crier le nom de Marco.

Les gendarmes étaient ébranlés, Jean de Lordat leur porta l'estocade :

— Messieurs, dit-il d'un ton sec, je crois que la situation est comme nous : immobile et bloquée.

⁂

Une qui n'était ni immobile ni bloquée, c'était Marie ! Elle n'avait pas hésité une seconde après avoir entendu M. Truphème. Elle s'était rhabillée immédiatement et avait sauté par la fenêtre de sa chambre dans la neige molle. Pas de passeport maternel. Aucune formalité. Elle avait juste repoussé le volet, avec un bâton, pour que de l'extérieur personne ne puisse avoir le regard attiré vers la maison et ne soupçonne sa fuite. Ensuite, d'un saut, elle avait traversé à la Bexane. Le virage était complètement obscur (il manquait une lampe). Puis, Marie avait couru jusqu'à la Gleizette en passant par le verger des Joucla et le jardin de Jeanne. De là, elle avait pu jeter un coup d'œil chez les Truphème, où tout était ouvert et éclairé.

Le groupe des gendarmes avait rejoint M. Truphème, Jean de Lordat et Roger Bonnel, et des hommes accouraient pour leur prêter main-forte. Devant la maison Truphème, c'était un beau branle-bas de combat !

Marie avait son idée. Elle attendit que tout le monde soit parti. *Détectives d'occasion*, pensa-t-elle en regardant s'éloigner la battue, *ils laissent le chien !*

Elle était contente. Elle aurait Lion ! Mais quand elle fut plaquée au mur de la cour, prête à ouvrir la grange où elle imaginait le chien haletant d'impatience, elle entendit Hélène Truphème se lamenter que Lion soit parti seul. Et la voix de Benoît, en écho de celle de sa mère, faisait :

— Et que moi ils ne m'aient pas voulu ! Tu ne crois pas ! tout de même !

Temps perdu ! Marie enrageait. Comment se guiderait-elle ? Dans quelle direction partir ? Elle avait entendu que les hommes

allaient vers Gaziès. Ne pas les rencontrer, ne pas rencontrer sa mère, qui arrivait chez les Truphème, trouver si possible Lion et sûrement Marco... Beaucoup de questions pour une petite fille qui n'est jamais sortie seule, la nuit, sous la neige !

***

Beaucoup de questions aussi pour les « Axiat », qui avaient lutté contre la tempête jusqu'à Betsaneilles et n'avaient vu Marco « ni en nature ni en peinture », comme dit rageusement Touyou.

Heureusement, la neige diminuait quand ils rebroussèrent chemin, recommandant aux habitants de Betsaneilles, si par hasard ils voyaient un garçon, de le garder chez eux. (Et ainsi une nouvelle troupe fut constituée, qui se mit en chasse autour du hameau, pour chercher Marco. Quelques-uns iraient jusqu'à Appy.)

Le maire n'y croyait plus. Marthe Nigoul avait eu la berlue. Il pressait le pas, ses « soldats » derrière lui. Un seul allait plus vite : Touyou, qui sautait dans la neige, glissait, prenait tous les raccourcis, tant et si bien qu'un gendarme, fâché, le rappela à l'ordre :

— Des recherches doivent être méthodiques et organisées.

— Ouais ! répliqua Touyou, mais elles doivent aussi être rapides. Alors, bougez-vous !

Il resta tout de même un peu en avant et tant mieux pour certains, car il leur fit signe en arrivant au pont de la Cassagne pour qu'ils évitent « le trou de Benoît ».

10

Tandis qu'Axiat dévalait vers Urs, pas trop fier de son retard, il faut le dire, qu'Urs attendait au carrefour, pas très fier de son indécision, il faut le dire aussi, tandis que Marie montait à travers champs, un peu au hasard et un peu au gré de la neige (qui, par moments, la happait presque entièrement), en se demandant si elle arriverait jamais à la cabane de Papy, où selon elle Marco devait s'être mis à l'abri... Lion avait trouvé son maître.

Et comme beaucoup de gens cette nuit-là, il s'interrogeait sur la conduite à tenir. Dans sa vie de chien, il n'avait jamais vu encore d'âne en jupons ni de tourniquet d'arrosage en satin rose. Tout cela ne lui disait rien qui vaille. Et ce silence dans l'orry ne lui plaisait pas.

Alors, suivant son instinct, il avait décidé simplement de bloquer la sortie. Il était couché juste au-dessus de l'orry. Sur le toit en quelque sorte. Il suffirait que Marco le désire, et quand le tourniquet sortirait, il pourrait se recevoir une drôle d'étole sur les épaules. Cinquante kilos de chien furieux qu'on n'attend pas, ça surprend !

Voilà ce que Lion avait dans la tête, pendant que la neige doucement gelait sur son poil.

Finalement, c'était lui le plus tranquille dans toute la montagne.

Le moins tranquille était Marco. Je vous ai dit qu'il s'était empêché de bouger, de saliver, qu'il avait arrêté son sang dans ses veines, et qu'il avait même fermé les yeux ? Il faut croire que ses pensées faisaient du bruit car... Juste au moment où dans sa tête un chien en colère qui ressemblait vraiment comme un frère à Lion faisait irruption et

dévorait ces inconnus... il avait compris que quelqu'un le regardait.

Il n'avait pas bronché.

Bibi hésita, puis dit poliment :

— Excusez-moi, mon garçon, pourriez-vous venir m'aider ? Je crois que j'ai coincé l'ânesse.

La peur, c'est comme la mayonnaise, ça monte où ça retombe, on ne sait pas trop pourquoi. Celle de Marco tomba d'un coup, peut-être chassée par cette curiosité irrésistible qui le démangeait toujours. Il se leva et regarda Bibi, son chapeau, sa cape en satin, sa baguette de fée (tout brillait à la lueur des quelques braises que Bibi avait ravivées). Il tendit la main :

— Bonjour, dit-il, je m'appelle Marco Truphème.

Bibi s'inclina cérémonieusement tout en serrant la main offerte.

— Enchanté, répondit-il. Moi, je ne me rappelle pas mon nom mais il va me revenir. Pour l'instant, dites-moi « Bibi », tout simplement.

*
**

Marie, pendant ce temps, continuait son chemin. Pour éviter le groupe monté d'Urs qui stationnait au carrefour du sentier d'Axiat, elle marchait au bord du pré, contre la Resclauze, sous la haie. Les branches secouaient en cadence leur charge de neige sur le peu de Marie qui n'était encore ni mouillé ni gelé.

Elle s'enfonçait, à chaque pas, jusqu'à la taille. Il vaudrait mieux dire qu'elle se faisait sa trace. Comme un sanglier. Avec les pieds, avec les bras. Ses mains, elle ne les sentait plus. Elles étaient paralysées de froid et ne servaient plus à rien. Marie cognait la neige avec ses avant-bras, avec ses épaules, avec sa tête parfois. Elle creusait devant elle.

En mesurant l'épaisseur du tapis, elle avait acquis la certitude que Marco était installé dans la cabane de Papy : par une telle tempête, Marco n'avait eu que deux solutions : ou descendre à Urs en courant, ou se mettre vite à l'abri. Il n'était pas à Urs, et comme abri, Marie pensait à cette cabane, près du pont de la Resclauze, où Papy, de

Vèbre, entreposait une faucheuse et divers outils.

Elle arrivait au coin du pré. Là, à moins de sauter la Resclauze, elle n'avait plus qu'à remonter pour atteindre le pont.

Au carrefour du sentier d'Axiat, les ombres n'avaient pas bougé. Marie hésita. Elle s'approcha du ruisseau. Les roches étaient espacées. Mais l'eau peu profonde. Marie regarda encore une fois le groupe là-haut. Il semblait s'agiter. Elle ne s'attarda pas à imaginer son père la découvrant là, à chercher Marco ! Ils n'avaient même pas voulu du grand Benoît !

S'ils la trouvaient, ce serait le bain chaud, le lit...

Marie frissonna. Elle devait sauter la Resclauze. Ce n'était pas la meilleure portion du torrent. Les rochers qui se dressaient dans la nuit ressemblaient à des forteresses. Marie, qui croyait pourtant bien les connaître, ne les avait jamais vus aussi hauts !

En dessous, près de l'eau, le chaos de pierres moussues disparaissait sous la neige. Marie avait les larmes aux yeux. Si l'Aventure était là ! Mais sa dernière carte à Marco venait de Bora-Bora, loin au soleil d'été de l'hémisphère austral. L'Aventure était en train de bronzer pendant que Marie se transformait en stalagmite !

L'Aventure ! L'Aventure ! pensa Marie très fort. *Aide-moi à sauter, même si comme toi je me mouille les pieds* (*).

De grosses larmes coulaient sur ses joues. Mais Marie avait du courage. Elle grimpa sur le gros rocher. Pas très difficile. De là, elle devait descendre sur une sorte de plate-forme, plus bas.

Quand on n'a plus de mains, il faut trouver un système. Marie avait la gorge serrée.

De cette plate-forme, elle n'aurait plus qu'à sauter par-dessus le torrent, jusqu'à un autre rocher à peu près plat, et puis faire le reste du chemin pour retrouver le pré de Papy serait enfantin.

Mais, pour l'instant, elle était sur le gros rocher, et même en s'asseyant au bord et en faisant les pointes, ses pieds étaient encore au moins à un mètre de leur destination.

(*) Voir *L'Aventure a les pieds mouillés*, Zanzibar, Milan.

Rebrousser chemin, c'était renoncer à passer la Resclauze, car Marie se trouvait au seul endroit où il était possible de sauter.

Eh bien ! Marie sauterait du gros rocher ! Elle se mit debout et hop !

Courageuse petite Marie ! Elle n'avait oublié qu'un détail : par ce temps, tout glissait.

Aussitôt que ses pieds touchèrent la roche, ils furent entraînés dans l'eau, et tout le corps de Marie fut jeté et rejeté d'une pierre à l'autre, traversant la sorte de baignoire que formait là le torrent, et s'immobilisa juste en dessous, une jambe coincée dans cet entonnoir par lequel l'eau continuait son chemin, la tête contre un pic moussu couvert de neige qui maintenant se teintait de sang.

Le cri de Marie s'était perdu dans le fracas du torrent. Mais Lion avait entendu. Il était dressé sur le toit de l'orry. Ses oreilles à l'affût. Marco et Marie en danger en même temps mais pas au même endroit, et Lion tout seul ! Il écoutait. Pas d'autre cri. Des voix, plus à gauche. La voix de Charles Truphème. Des pas aussi, qui descendaient, vite, sur la route d'Axiat. Sentir ? Le nez de Lion se remplit de neige.

C'était le moment d'agir !

11

Marco regardait l'entrée de l'orry. Elle était bouchée par un amas de dentelles blanches et roses. Il sortit le briquet de Roger Bonnel et s'approcha. Sous les fanfreluches, il aperçut deux sabots pointus.

Il avait tant pensé au diable cette nuit-là qu'il eut un doute (... les déguisements de Satan sont imprévisibles !). Mais Marco Truphème savait reconnaître un âne, même « enjuponné ». Il donna une tape sur la croupe et l'ânesse lui répondit par une ruade qui, en bouleversant le feu, l'alluma pour de bon.

Dehors, la plainte s'était tue.

L'ânesse ne bougeait plus.

Marco comprit pourtant que quelque chose allait se passer.

Une main agrippa sa cape convulsivement. Bibi glapissait :

— Elle est coincée ! Nous sommes prisonniers !

Marco avait horreur qu'on le touche, et horreur qu'on crie. Il lui prit la colère, une colère de Marco qui monte d'un coup. Un vrai volcan. Il hurla :

— Oh ! je vous ai demandé l'heure ?

Il ne remarqua même pas que Bibi, interloqué par sa voix perçante, marquait un temps d'arrêt. Il secoua la main qui le tenait à la poitrine :

— Vous me lâchez ! oui ? Qu'est-ce qui vous prend ?

Alors, Bibi se mit à pleurer à chaudes larmes. Et Marco eut l'impression très nette que, dans cette étrange situation, toute la responsabilité du dénouement lui incombait.

Il s'adressa d'une voix douce à Bibi :

— Allons, ne pleurez pas ! vous avez un bien bel âne !

— Oui, dit Bibi, c'est une belle ânesse. Mais elle ne veut pas rentrer dans la grotte pour me réchauffer. J'ai voulu la tirer mais elle est coincée, et elle ne veut pas reculer. Elle veut juste retrouver son ânon qui est dehors et qui... qui n'arrête pas de pleurer, ajouta Bibi en sanglotant de plus belle.

— Assez ! s'écria Marco, ne pleurez plus !

— Mais je ne veux pas pleurer ! Je veux rire ! Je veux retrouver mes camarades et leur faire la surprise, leur montrer nos déguisements !

— Attendez ! dit Marco, vous avez des camarades ?

— Oui, deux !

— Je parie que vous venez de Toulouse ! avança finement Marco.

— Oui, comment le savez-vous ?

Bibi cessa brusquement de pleurer. Il sourit et, d'un ton de confidence :

— Nous avons quitté Bagatelle, dit-il, un de mes camarades a donné un coup de tête au concierge, et nous avons filé. Hi, hi !

Marco soupira profondément, et devant le regard interrogateur de Bibi, il expliqua :

— Moi aussi, un jour, j'ai donné un coup de tête à quelqu'un. Qu'est-ce que j'ai eu, après, comme embêtements !... et ça continue ! ajouta-t-il pour lui-même.

Il venait d'avoir une idée. Il alluma le briquet sous les dentelles de l'ânesse, et en lui donnant un grand coup de tête dans les fesses, poussa un cri qui commença par un « Hue ! » et finit un peu en « aï-ouille » ou quelque chose d'approchant. (Un cul d'ânesse est plus dur qu'une mâchoire de Toulousain !)

Cette fois, je me suis rentré les cornes ! se dit Marco.

12

Lion entendit la voix de Marco et les pas qui s'approchaient, dans la montagne, mais plus rien du côté de Marie !

Il s'assit. Le poil hérissé de gel et de fureur. Il baissa les oreilles, leva le museau vers le ciel le plus haut possible et se mit à hurler.

Son cri buta contre le Quié qui le renvoya vers Lassur, qui le rejeta vers Beille, qui le retourna au Quié.

Dans toutes les maisons de la vallée, on entendit ce hurlement. Les vieilles firent le signe de la croix. Hélène Truphème sortit sur le seuil en courant et se mit à sangloter. Elisabeth de Lordat la prit dans ses bras et mordit son mouchoir pour ne pas pleurer.

Dans les écuries, les bêtes s'affolèrent. On entendit des battements de sabots, des cliquetis de chaînes.

Les chats, comme électrisés, s'enfuirent en bondissant vers leurs cachettes les plus insoupçonnables.

Les chiens furent tous aux aguets, les oreilles droites, la narine frémissante. Ils se tenaient au milieu des chemins, tournés vers l'orry où Lion hurlait à la mort.

***

Quand Marie ouvrit les yeux, elle était pliée en zigzag entre les rochers, la tête contre l'un, la jambe droite levée contre un autre, avec le pied qui regardait le ciel (il devait se prendre pour un astronome) ; son genou gauche était coincé dans un goulet qu'il bouchait, si bien que l'eau remontait sur la poitrine de Marie en bouillonnant de fureur, et cascadait en rugissant par-dessus son épaule.

Marie avait si froid qu'elle ne sentait rien qu'une douleur diffuse partout, qui lui coupait le souffle. Mais elle n'avait pas fait cette longue marche dans la neige pour rester là, immobile dans ce fauteuil de pierres, comme une poupée désarticulée !

Elle se rappela que Lion était tout près, et secoua ses bras, pour voir s'ils pouvaient encore bouger. Ils battirent le torrent. Alors, elle replia sa jambe droite, et tira sur la gauche pour la dégager. Elle dut tirer fort, et elle cria fort aussi, quand son genou se libérant d'un coup, elle fut projetée en arrière sur la tête juste là où elle la sentait déjà si lourde.

Elle ne prit pas le temps de sécher les larmes qui coulaient sur ses tempes, la petite Marie ! Elle escalada vaillamment les roches qui la séparaient du rivage. Lion hurlait. Il lui disait :

— Hââââte-toi, Mariiie, hââââte-toi !

Marie grimpa le talus, vite. Elle reprit le chemin, après le pont. Elle distinguait la cabane de Papy entre les arbres.

Lion hurlait, plus loin.

Marie courait comme elle pouvait. La cabane était fermée à clé. Marie appelait :

— Marco ! Marco ! c'est moi, Marie !

Lion hurlait encore plus fort. Cette fois, Marthe Nigoul, de sa maison de Paychenosc, l'entendit aussi. Son chien, qui dormait contre la cuisinière, gémit derrière la porte et voulut sortir. Marthe Nigoul lui dit :

— Non ! Va coucher !

Le chien lui fit face, les babines retroussées. Il grognait. Il avait un roulement au fond de la gorge. La bave coulait d'entre ses crocs.

Marthe Nigoul tremblait. Il s'approcha. Elle tira le verrou. Le chien était dans sa jupe, il ronflait de fureur. Elle ouvrit la porte. Il s'élança au-dehors et, en passant à côté d'elle, donna un coup de dents au hasard — clac — et il aboya, juste une fois, d'une sorte de rugissement. Il descendit en courant le chemin vers la Cassagne, vers Lion.

Contre la cabane de Papy, Marie avait trouvé une vieille fourche. Elle l'avait prise, d'instinct. La fourche lui servait de bâton, pour aller vers Lion. Marie le situait bien. Elle avançait vers l'orry, sans réfléchir à ce qu'elle allait y trouver. Tous ses efforts, c'était la couche de neige qui les absorbait. Il fallait la fendre et la traverser.

***

Touyou, lui aussi, avait bien situé Lion. Il courait vers lui, en sautant dans la neige qui avait comblé le sentier. Personne cette fois n'avait pu le retenir. D'ailleurs personne n'y avait pensé !

Derrière le garçon couraient Charles Truphème, Jean de Lordat, suivi de son père et de son beau-père, le maire d'Axiat, et tous les autres...

Brusquement, Lion se tut. Il avait entendu Marie, et Touyou, et les autres. Il avait écouté Marco à l'intérieur de l'orry. Quand Marco se tut, il se tut aussi.

Il regardait Marie qui arrivait avec sa fourche. Il attendait.

13

L'ânesse fut prise d'un tremblement nerveux. Ce choc dans le derrière (elle avait cru, grâce à un vieux souvenir, reconnaître un bélier), cette chaleur qui lui montait le long des pattes, ce chien à la voix stridente... C'était trop pour une pauvre bête qui avait déjà connu l'épreuve de suivre Bibi toute une soirée.

Les trépidations dues à son tremblement eurent pour effet de la décoincer. Et lorsque Bibi entreprit de la pousser au-dehors, elle sortit si facilement qu'il fut entraîné par son élan et...

Ouf ! depuis qu'il se gelait dans la neige, Lion avait bien cru qu'il ne réaliserait pas son projet ! Vous vous souvenez que l'idée de sauter du dessus de l'orry sur le premier tourniquet qui sortirait était de lui, de personne d'autre ?

Alors Lion plongea sur Bibi. Marco s'élança pour protéger le pauvre Bibi, et tout le monde se retrouva dans la neige, en un pêle-mêle de bras, de jambes et de poils... Lion savait bien que cinquante kilos de chien qui vous arrivent sur la nuque, ça renverse ! Et il n'était pas mécontent d'avoir immobilisé ce pantin qui lui avait fait sortir les yeux de la tête quand il l'avait vu marcher. L'ennui, c'est qu'en le faisant basculer, il avait emprisonné Marco en dessous.

Pas trop content de lui, sur le coup, Lion. Alors, il se vengea. Ha ! Bibi avait embêté son Marco ? Lion lui planta les crocs de part et d'autre du cou. *Tu veux lâcher mon Marco, oui ?* Mais Bibi s'accrochait désespérément à Marco en lui criant :

— Faites quelque chose ! Faites quelque chose !

Marco, dans la neige, et Bibi pesant à plat

ventre de tout son poids sur lui, ne se sentait pas vraiment efficace. La colère le reprit soudain. Il se mit à bourrer Bibi de coups de coudes et de pieds.

— Lâchez-moi donc d'abord ! Et puis, quand la moutarde lui fut toute montée jusqu'au nez : Lâchez-moi ou le chien vous dévore.

Mais Bibi hurlait, en enfonçant ses doigts

comme des serres dans les épaules de Marco :

— Au secours ! je me plaindrai !

Et en gigotant, non seulement il paralysait Marco, mais encore il imprimait à sa tête un mouvement d'aller-retour qui avait pour effet très fâcheux de lui frotter le visage dans la neige.

Marco n'avait pas le choix.

— Mange, Lion, cria-t-il entre deux bouchées glacées.

Lion n'avait pas trop besoin qu'on l'encourage. (Il était comme son maître : les cris l'énervaient !)

Quand Bibi sentit le souffle brûlant qui lui enflammait l'oreille, quand il entendit l'effroyable grondement, la peur lui vint. La peur qui rend muet. Il se tut. Il se sentit mollir. Il desserra son étreinte.

En même temps, il eut une sensation de grande chaleur, son nez s'emplit de parfums puissants, âcres et fauves ; il entendit des cris incompréhensibles qui se bousculaient autour de lui, aigus, stridents, et un coup de feu énorme, sourd, qui couvrit les rugissements de Lion un court instant, et les stoppa net.

Bibi pensa : *Lion*. Puis une phrase lui vint à l'esprit. *Celui qui n'a jamais entendu rugir le lion ne connaît pas la peur*. Il l'avait à peine formulée qu'il ajouta : *Proverbe africain*.

Alors Bibi pensa : *l'Afrique*.

Et il s'aperçut que sa tête était lourde. Il restait dans la neige avec Lion sur son dos, et pourtant il gardait cette impression de chaleur.

Une voix grave et douce dit :

— Viens, Lion ! C'est bien. Tu es un bon chien. Monsieur ! Voulez-vous que je vous aide ? Vous pouvez vous lever, Lion ne vous fera rien. Je suis là.

14

Le ciel blanchâtre s'était posé sur la neige. Non par fatigue ! Le ciel a l'habitude de tenir en l'air. Plutôt par curiosité sans doute.

Hélène Truphème, Élisabeth de Lordat, Évelyne, Benoît et quelques autres, avertis par l'infatigable Touyou venu en estafette, s'étaient massés en haut de la carrière et attendaient.

Excité par la longue veille et l'étrangeté des événements, Touyou riait en gambadant avec le chien de Marthe. De temps en temps, il venait brandir son index sous le nez de quelqu'un en gloussant :

— Vous allez voir ce que vous allez voir, et repartait en se donnant de grandes claques sur les cuisses.

Enfin, de la brume immaculée que trouait un fin rayon de soleil sortit Lion, orgueilleux et superbe, tel un chef guerrier victorieux. Puis ce fut Marco, le regard acéré à transpercer les murailles, tenant par la main la petite Marie aux cheveux collés de sang, qui traînait sa jambe et s'appuyait sur un bâton.

Élisabeth de Lordat n'eut que le temps de s'exclamer : « Marie ! Elle était là-bas ! oh... », que l'ânon apparut.

Tout le monde savait qu'il avait suivi sa mère dans une mystérieuse escapade. Certains même s'étaient demandé s'il n'avait pas voulu remplacer l'âne qui, depuis la nuit de Noël, soufflait sur Jésus au fond de l'église.

Mais la réalité dépassait l'imagination. L'ânon qui avançait timidement sur la neige, une patte après l'autre (il avait beaucoup glissé dans la descente), avait autour du cou une jupe à crinoline. Les volants couraient sur son dos et retombaient sur ses pattes avant. Ses oreilles étaient entourées de rubans écarlates qui se rejoignaient sur son front en un énorme nœud, comme ceux qui serrent les œufs de Pâques. Ses pattes arrière étaient prises dans un pantalon bouffant d'un jaune si vif que l'aube en était illuminée.

Il était suivi d'un monstre rutilant qui semait des écailles éblouissantes sur la neige, à chacun de ses pas ondulants. C'était une masse énorme de dentelles, de satins et de rubans, qui se gonflait et se dégonflait à chaque pas, évoquant un mouvement de nageoires. Au-dessus, flottant dans la brume, cahotait une gigantesque gueule de tigre, hilare.

Le rire lui avait exhorbité les yeux, retroussé le museau, entrechoqué les dents, frisé les moustaches... et rougi les oreilles, grandes et rondes comme des assiettes.

Qui aurait pu résister à cette gaieté ?

Tout le monde éclata de rire.

— Sapristi ! s'écria Hélène Truphème. Mais qui donc a déguisé ces pauvres bêtes ?

— C'est moi, madame, Vincent Bonnet, fit Bibi, mais c'était avant, quand j'étais malade.

— Ouais, répliqua Marco, furieux qu'on lui ravisse la vedette, quand ils sont arrivés à l'orry, ils étaient plutôt dépenaillés. Heureusement qu'avec Marie, nous leur avons remis tous leurs vêtements bien en place !

Évelyne était à bout de nerfs. Le remords d'avoir laissé son frère partir seul dans la montagne, l'inquiétude, le manque de sommeil, la joie de revoir Marco, Roger Bonnel, et tout le village réuni en bonne forme, autour de ce monstre qui se tordait de rire... tout se bousculait dans son cœur. Elle eut des larmes aux yeux et se précipita vers Marco pour le serrer dans ses bras.

Marco la laissa l'embrasser sur les joues, les cheveux, et même les oreilles (pouah ! il crut devenir sourd !).

Il prit le temps de constater que, sur sa grande sœur, l'eau de Cologne Truphème avait une autre odeur que sur lui et puis :

— Ne me remercie pas, fit-il avec douceur. C'est M. Bonnet qui l'a retrouvée. D'une voix perfide, il ajouta : ... dans l'oreille de la montagne.

Évelyne fut en un instant foudroyée. Elle relâcha son étreinte et suivit le regard de Marco.

Juste sous la gueule du tigre, et juste au-dessus des yeux blasés de l'ânesse, en plein milieu de son front, brillait à la façon d'un troisième œil hindou la médaille d'Évelyne.

Elle s'approcha.

Son frère n'avait pas faibli !

La médaille n'était pas présentée sur la face de l'ange souriant, mais sur le verso où était seulement gravé « Évelyne Truphème ».

Évelyne entreprit de défaire le ruban qui entourait les oreilles de l'ânesse et maintenait à la fois la médaille et le masque de tigre.

Ses mains tremblaient si fort... l'échafaudage s'écroula. Mais elle n'était pas d'humeur à s'en préoccuper. Elle serrait convulsivement son bijou :

— Tu es content ? fit-elle à Marco. Tu as donné mon nom à l'ânesse !

— Non, dit Marco en souriant, pas à l'ânesse, à un monstre qui fait rigoler tout le monde !

Alors la grande sœur s'écroula en sanglots.

Les parents Truphème ne s'élancèrent pas pour la réconforter. Tous deux pensaient qu'Évelyne n'avait pas volé ce qui lui arrivait.

Roger Bonnel, distrait par les conversations, et peut-être aussi pas très fier que soient découvertes ses escapades avec Évelyne dans l'orry, ne s'avança pas non plus.

Alors, Marco alla vers sa sœur et lui entoura la taille de ses bras (il le faisait quelquefois à sa mère et il savait qu'elle aimait bien).

— Tu pleures ? Pourquoi ? demanda-t-il avec cette voix merveilleuse qui aurait pu charmer tous les serpents d'Afrique à la fois. Il faut comprendre la plaisanterie, ma grande.

C'était un peu méchant, mais il n'avait pas pu résister. Et puis il ne savait plus trop que dire. Il resserra ses bras et sentit qu'Évelyne mollissait. L'inspiration lui revint tandis que son cœur s'emplissait de tendresse.

— Tu n'es pas malheureuse, puisque tu as retrouvé ton petit frère, tu es même bien heureuse, va ! Et puis, tu vas te marier...

Elle se raidit de nouveau à l'évocation d'un sujet sur lequel il pouvait être féroce. Mais Marco ne voulait pas lui faire de mal. Au contraire. Ne comprenait-elle donc pas ? Alors, dans un souffle, il s'exclama tout contre elle :

— Tu sais bien que je t'aime.

Une trêve commençait.

*
**

— L'âne, dit Bibi, est un mammifère domestique de l'ordre des solipèdes. Son pelage est d'ordinaire gris cendré.

— Mais cette ânesse est blanche ! s'exclama Benoît qui déshabillait la bête.

— Espèce rare ! énonça Bibi, en hochant la tête.

— ... ou bien elle est devenue blanche cette nuit, de mauvais sang !

— Non, non ! elle est blanche, dit M. Papy, à qui appartenait l'ânesse. Je l'appelle Perle.

Bibi continuait :

— Noble animal ! C'est sur une ânesse que Jésus entra triomphalement à Jérusalem. À Rome, un âne valait jusqu'à quatre-vingts fois le prix ordinaire d'un esclave.

— Vous êtes savant ! s'émerveilla Benoît, dont la mémoire, telle une éponge, s'imbibait de tout ce que disait Bibi.

— C'est que je suis instituteur, dit Vincent Bonnet.

Il parlait en regardant par terre, les yeux écarquillés. Il s'étonnait lui-même de tout ce qu'il s'entendait dire :

— Je me souviens de tout à présent. J'enseignais en Afrique. Les médecins avaient raison ! J'ai eu un choc ! J'étais dans une jeep, avec un de mes collègues et je filmais des lions, lorsque la voiture s'est renversée. Mon collègue a hurlé : « Les lions ! Les lions ! » Mes jambes étaient emprisonnées sous la jeep et me faisaient horriblement souffrir. Je ne pouvais pas me dégager. J'ai entendu un rugissement. Ma tête m'a paru exploser... Voilà !... Je dois la guérison à votre Lion. Il a reconstitué les conditions du premier choc.

Bibi était infiniment heureux et caressait le chien avec émotion. Lion, qui sentait l'ambiance au triomphe, avait pris son œil impérial, même quand il renvoyait les oreilles en arrière en signe de bonhomie.

— Bonnet ! Je m'appelle Bonnet. Voilà pourquoi je tenais tant à ce couvre-chef ! Je l'observais des journées entières à Bagatelle... et je le gardais même en dormant !

— Cette nuit, plaisanta Marco, c'était le bonnet d'âne !

— Ah ! Bonnet d'âne ! Que de fois ai-je entendu cette expression ! Depuis la cour de ma première école, quand j'étais petit, à Saint-Vallier dans la Drôme, ensuite quand j'ai été instituteur, en France, à Montélimar, puis en Afrique. Je croyais naïvement que, là-bas, mes petits élèves ne la connaîtraient pas. Mais je n'avais pas fini ma première matinée de cours que j'ai entendu au fond de la classe, entre deux rires étouffés : « Bonnet d'âne ». Et j'ai dû reprendre ma formule tonitruante : « Bonnet, c'est moi ! On va voir qui sont les ânes ! »

... Il n'en finissait pas d'égrener des souvenirs, de poser des questions : quelle année commençait ?... Donc plus d'un an s'était écoulé depuis l'accident. Et pourquoi avait-il été transporté à Toulouse ? Mais parce que son frère y était psychiatre tout simplement. Et ceux qu'il appelait ses camarades ? M. Truphème avait de leurs nouvelles par les gendarmes : ils étaient allés chez celui qui était originaire des Cabannes, tranquillement.

— Ils attendent leur choc à eux, dit Marco.

— C'est qu'ils ne te connaissent pas encore ! lui répondit Benoît du tac au tac.

— Ils n'ont pas cette chance en effet, renchérit Marco.

— Chance ! Je disais toujours à quelqu'un : « Tu en as de la chance de m'avoir rencontré... » C'est que j'étais fiancé...

Le regard de Vincent Bonnet s'embua.

— Je me demande si je le suis toujours !...

Encore une fois Marco fit rire tout le monde, et Vincent Bonnet se dérida.

— Ne vous inquiétez pas. Si elle vous a oublié, mon grand frère, Franckie, vous en trouvera une autre. Il en a plein !

La pendule sonnait à perdre le compte de ses coups lorsqu'enfin la famille Truphème escorta son invité Vincent Bonnet jusqu'à la chambre de Franck, et que chacun alla tomber dans son lit, d'un sommeil de plomb.

15

Ce premier janvier, du lever du jour jusqu'au soir, la neige continua de tomber. Marco dormait.

La nuit, elle cessa. Marco dormait toujours.

Le 2 janvier au matin, le ciel était d'un bleu brillant de porcelaine. De derrière Lordat surgit un soleil immense. Il s'étira lentement, un rayon par-ci, un rayon par-là, et bientôt son globe éblouissant prit possession de la vallée. Il envahit les maisons dont les fenêtres s'ouvraient une à une, puis se glissa dans toutes les fentes des volets qui restaient fermés.

À Urs, il s'introduisit dans la chambre de Marco et balaya les paupières du dormeur d'un aller-retour de pinceau phosphorescent.

Marco soupira et se tourna brutalement dans le lit, emportant sur son épaule la moitié des couvertures. Alors il entendit un murmure et ouvrit les yeux.

Aussitôt il eut la sensation que tout vivait autour de lui. Toute la maison était réveillée, tout bruissait, tout respirait… et il était là, à dormir !

Il bondit !

Dans la cuisine, Benoît soignait ses « plaies d'aubépine » avec des manières d'animal blessé. Mme Truphème pelait des pommes de terre. M. Truphème sculptait un bâton avec son Opinel. Évelyne, la tête appuyée sur la main, rêvait en suivant des yeux les dessins de la toile cirée. Vincent Bonnet racontait l'Afrique et chacun l'écoutait en retenant sa respiration.

L'arrivée de Marco l'interrompit alors qu'il décrivait, pour Benoît extasié, les mœurs des gnous à crinière blanche.

Vincent leva les bras et poussa un cri de

joie en guise de salut. Marco, ne sachant trop comment répondre (vous êtes d'accord, entre hommes on ne s'embrasse pas ?), se frictionna les cheveux puis tapa du poing dans la main grande ouverte de Vincent (il l'avait vu faire à Butch Cassidy dans un western).

— Et Lion ? demanda Marco.

Lion était couché en travers de la porte, dehors.

— Et Marie ?

Le docteur Joucla lui avait cousu la tête. La cicatrice ne se verrait pas, elle serait cachée par les cheveux.

Marco s'étira. Il respirait.

— Et puis... dit Vincent Bonnet qui exultait, le facteur vient de m'apporter un télégramme : mes parents, mon frère et ma fiancée vont venir me chercher. (Il rit.) Je suis donc toujours fiancé ! Mais j'ai retenu ta proposition..., dit-il à Marco, si elle ne me plaît plus, je m'en remettrai à Franckie !

Ils se regardèrent et éclatèrent de rire.

— Venez, fit Marco, en attendant je vais vous faire visiter le village.

*
**

La journée s'acheva comme elle avait débuté, dans la cuisine de la Carrière, sauf que les Lordat étaient venus se joindre aux Truphème pour la veillée. La maison contenait tout entière l'Afrique aux odeurs puissantes et aux feulements sourds, si bien que, lorsqu'un martèlement retentit sur la porte, Benoît tressaillit, croyant entendre un tam-tam.

Ce n'était que Touyou. Il venait annoncer que Marthe Nigoul avait eu une attaque.

— Que le diable l'emporte ! s'écria Marco.

Son père, cette fois, se fâcha vraiment. Sa bonté naturelle s'offusquait toujours de l'ardeur de son fils.

— Un jour, à force d'en parler, c'est toi que le diable emportera, dit-il.

Marco réprima un haussement d'épaules mais il répondit d'un ton sûr de lui :

— Le diable n'existe pas. J'en suis certain. Le diable, c'est la méchanceté qui est dans le cœur des gens. Ni plus, ni moins. Et pour cela, Marthe Nigoul est bien servie. Ouais !... Une attaque ? Sa méchanceté lui a attaqué le cerveau. Et elle la tuera. Et dans ce monde, comme dans l'autre, son âme sera toujours torturée, à l'image de son mauvais cœur.

Tout étonné de sa tirade, il s'arrêta net, et s'aperçut que tout le monde le regardait fixement.

— Bravo ! dit Vincent Bonnet. Un peu dur tout de même. Doit-on penser qu'une âme sera éternellement torturée ? Si l'on ne croit pas au mal, on ne peut croire qu'une âme puisse être définitivement perdue.

Marco était tout heureux de rencontrer quelqu'un qui accepte de parler de ces choses avec lui.

Mais Benoît coupa court à la conversation :

— Alors, on a bon espoir pour mon frère, fit-il... moi qui craignais de le voir brûler en enfer !

Marco reprit instantanément son œil pointu :

— Oooh ! tu te faisais du souci ? Merci ! Il ne fallait pas ! Il ajouta : ... parce que moi... par exemple, je n'ai jamais rien volé... à personne... rien, même pas des fossiles.

Benoît devint rouge comme les oreilles du tigre de Mme Pucheu. Il regarda Évelyne, puis Marco. Ces deux-là faisaient la paire. Ils se disputaient, mais c'était le même œuf. Benoît d'un coup se leva et monta dans sa chambre.

Évelyne fit un clin d'œil à Marco qui restait impassible, mais tendu, plein de force.

Quelques minutes plus tard, Benoît posait les fossiles sur la table de la cuisine. Sans un mot. Il regarda son frère dans les yeux, puis il dit d'un ton solennel, la voix vibrante :

— L'orry n'est à personne, et dans la montagne, les pierres sont à celui qui les ramasse. Mais je ne veux pas qu'on me dise voleur.

— Bien parlé ! dit M. Truphème.

Il prit les fossiles et les enferma dans une boîte en fer, de celles qui contiennent un kilo de sucre en grains (elle était décorée de deux jeunes Alsaciennes souriantes dans leur costume traditionnel). Puis, sur une étiquette d'écolier, il calligraphia :

FOSSILES :
COLLECTION DES FRÈRES TRUPHÈME

Il colla l'étiquette sur le devant de la boîte,

et avec des gestes cérémonieux, plaça le trésor dans le tiroir du bahut.

Il avait ce regard grave et profond qui le rendait quelquefois impressionnant.

Chacun l'observait en respirant à peine. Quand enfin il se retourna en se frottant les mains et dit simplement : « Voilà », d'un air satisfait, l'atmosphère se détendit brusquement.

Marco soupira, puis, éclatant de rire, il se mit à bourrer son frère de légers coups de poing, comme ils avaient coutume de le faire quand ils étaient amis. Benoît lui rendit la pareille en riant aussi.

16

Tout le monde était réuni au coin de la maison des Lordat : Hélène et Charles Truphème, Évelyne et Roger qui se tenaient par la main, Benoît, Marco, la petite Marie, ses parents, ses grands-parents, Touyou, et puis, avec leur maître, Perle, l'ânesse et Potiron, son petit ânon, tous les deux magnifiques avec leurs colliers de rubans multicolores confectionnés par Mme Pucheu, qui était là aussi, avec M. Guillot, et le maire et... bref, le carrefour était noir de foule.

On attendait le train.

Quand au sortir de la courbe de l'église le

conducteur vit cet attroupement, il comprit qu'il transportait un voyageur précieux pour les habitants d'Urs. Alors il actionna gaiement son sifflet, à petits coups : Tut ! Tut ! Tut ! Tut !

Une grande clameur s'éleva devant la maison Lordat : « Ouh, ouh ! ouh, ouh ! Au revoir ! À bientôt ! Bon voyage ! »... Tous les mots se confondaient en un affectueux brouhaha.

À une fenêtre du train, Vincent Bonnet et sa fiancée Guillemette levèrent leurs deux mains enlacées en guise de salut.

À la fenêtre suivante, son frère et ses parents agitaient foulards et mouchoirs.

Tant qu'ils purent s'apercevoir, les voyageurs et ceux qui restaient à Urs se firent de grands gestes. Marco courut même un moment à côté du train avec Lion.

Guillemette vit la petite Marie qui leur envoyait des baisers, Marco avec ses taches de rousseur qui semblaient vouloir jaillir de ses joues comme d'un arrosoir... Elle vit la cascade qui déboulait à travers la glace scintillante, et le ruisseau qui se pressait entre les arches cristallines des fougères glacées. Elle

vit la prairie qui débordait, çà et là, de la neige... Elle entendit Lion qui jappait tout en faisant la course avec le train...

Ce pays lui avait rendu son bonheur. Alors d'un coup, elle cria :

— Nous viendrons nous marier ici !

— Bonne idée ! cria Vincent et il ajouta en riant : Tant pis pour Franckie !

Marco se sentit rougir. Il avait été conquis par Guillemette : une fille qui vous aime alors que vous avez oublié jusqu'à son existence ! et qui revient vous chercher dès que vous n'êtes plus fou !... Franckie n'aurait jamais pu en trouver une autre aussi bien !

Que le diable emporte toutes les autres ! pensa-t-il.

Mais il s'était promis de ne plus parler du diable.

Que les anges vous ramènent ! se dit-il.

Et, en s'arrêtant, à bout de souffle, il agita simplement les bras et cria avec ce qui lui restait de voix :

— Revenez vite !